CB075855

Post partum Virgo Inviolata permansi
Dei Genitrix intercede pro nobis
artum Virgo Inviolata permansisti:
Genitrix intercede pro nobis Post partum
Inviolata permansisti: Dei Genitrix inter
pro nobis Post partum Virgo Invio
permansisti: Dei Genitrix intercede pro n
Post partum Virgo Inviolata permansi
Dei Genitrix intercede pro nobis
artum Virgo Inviolata permansisti:
Genitrix intercede pro nobis Post par
Virgo Inviolata permansisti: Dei Geni
intercede pro nobis Post partum
Inviolata permansisti: Dei Genitrix inter
pro nobis Post partum Virgo Invio
permansisti: Dei Genitrix intercede

Daniela Tófoli
Júlio Maria

# Santificado Est

Frei Galvão, o primeiro santo brasileiro

Copyright © 2007, Editora Seoman

Coordenação Editorial MANOEL LAUAND
Capa e Projeto Gráfico GABRIELA GUENTHER
Foto da Capa RICARDO ROLLO

Dados Internacionais de Catalogação na Publicação (CIP)

Tófoli, Daniela e Maria, Júlio

    Santificado Est: Frei Galvão, o primeiro santo brasileiro / Daniela Tófoli e Júlio Maria – São Paulo : Seoman, 2007.

ISBN 85-98903-08-6

    1. Biografia 2. Religião 3. Igreja Católica I. Título

CDD - 922.22

EDITORA SEOMAN

Rua Pamplona, 1465 - cj. 72 - Jd. Paulista
São Paulo - SP - Cep 01405-002
F: (11) 3057-3502
info@seoman.com.br
www.seoman.com.br

Todos os direitos reservados e protegidos pela Lei 9.610/98.
É proibida a reprodução total ou parcial sem a expressa anuência da editora.

Foi feito depósito legal.

# Agradecimentos

À compreensão e ajuda de nossas famílias, sempre presentes em tudo.

Às irmãs Célia Cadorin e Cláudia Hodecker, por abrirem seus baús e seus corações a este livro.

Ao Frei Paulo Back, guia em Guaratinguetá, estudioso de Frei Galvão e consultor atencioso e dedicado.

Ao casal Theresa e Tom Maia, da Casa de Frei Galvão, herdeiros legítimos da "doçura de Deus".

*Para Anésia e Luiz Alberto Tófoli, que
ensinaram a importância dos pequenos milagres.
Para Ângela e Josias Maria, provas
eternas da força do amor e da fé.*

# Sumário

Capítulo Um
O Maior Milagre .................................................................. 9

Capítulo Dois
Berço de Ouro ..................................................................... 17

Capítulo Três
A Caminho do Mosteiro ..................................................... 31

Capítulo Quatro
Surgem os Inimigos ............................................................ 39

Capítulo Cinco
Entre Escravos e Freiras ..................................................... 49

Capítulo Seis
As Fotos .............................................................................. 61

Capítulo Sete
Papéis que Curam ............................................................... 85

Capítulo Oito
Reze quem Puder ................................................................ 99

Capítulo Nove
Nas Graças do Vaticano ..................................................... 109

Capítulo Dez
Hora de Virar Santo ........................................................... 119

## Capítulo Um

# O MAIOR MILAGRE

A voz veio serena, lenta e não se sabia se soava pelo quarto ou apenas dentro da própria cabeça. Surgiu na madrugada para romper a angústia de uma insônia sem fim e disparar o coração de uma mulher que já tinha motivos de sobra para acreditar em tudo o que era ou parecia ser obra de outro mundo. "Você só sabe pedir, Sandra. Chegou a hora de começar a agradecer, chegou a hora de dar o seu testemunho." Sandra, que nunca foi religiosa de missa e confessionário, sabia de onde vinha aquilo. Saiu da cama em um pulo disposta a reconstituir no papel toda a história que havia passado cinco anos antes. Voltou a cada um de seus três abortos, aos diagnósticos médicos sombrios, ao temor de deixar de viver pela teimosia de acreditar em uma gravidez que tinha como adversários anos e anos de históricos médicos que condenavam mãe e filho naquele tipo incomum de gestação. Seguiu pelas lembranças de sua "avó japonesa" lhe falando das pílulas de papel criadas no século 18 por um sacerdote franciscano até se acalmar no parágrafo em que, finalmente, narrou o choro de seu filho Enzo deixando estupefatos os médicos da maternidade Pro Matre Paulista, em São Paulo.

Sandra Grossi de Almeida, uma paulista de 30 anos formada em engenharia química, chegou às mãos da ginecologista Vera Lúcia Delascio Lopes em uma tarde de 1999. Com um feto de poucos dias no ventre, lembrava temerosa dos três abortos que sofrera na vida e tremia com a possibilidade de estar a caminho do quarto. A razão para perder seus bebês era sempre a mesma via crucis que desaguava em finais desoladores chamada útero didelfo. A deficiência em seu sistema reprodutor trata-se de uma anomalia congênita provocada por um septo, uma espécie de cartilagem, que nasce no centro do útero praticamente dividindo-o em duas partes e impedindo que um feto se desenvolva ali. Em todas as tentativas anteriores, sua força de mãe não conseguira vencer a anomalia.

O mais indicado às mulheres com útero didelfo é a retirada desse septo, algo simples se for feito antes do início da gestação. Quando Sandra chegou às mãos da doutora Vera, o pequeno Enzo já estava aninhado em uma das cavidades do útero, justamente a menor, e qualquer cirurgia naquele momento seria de alto risco. Se não jogavam a favor de Enzo, os prognósticos eram ainda menos simpáticos a Sandra. Ainda que o bebê sobrevivesse às tempestades daquela gravidez, sua mãe poderia morrer de hemorragia antes mesmo de ouvir o primeiro choro do filho.

Sandra sofria também de uma hipoplasia uterina severa, uma anormalidade na musculatura do útero. O volume de um útero sadio tem entre 60 e 90 gramas e seus músculos medem, em média, três centímetros de espessura. O útero de Sandra não chegava a 30 gramas de volume e a espessura de sua musculatura não passava de um centímetro. O saldo final desolava médicos acostumados a trazer à vida crianças em condições das mais improváveis. O caso de Sandra superava todos. Ela somava, em idioma médico, um útero didelfo a uma hipoplasia uterina. Em linguagem popular, seu útero era uma bomba relógio que poderia ser detonada facilmente com o crescimento de seu filho. O colo, por ser mais curto que o normal devido a essas más formações, iria se dilatar fazendo com que a bolsa se rompesse, provavelmente, não muito além da 12$^a$ semana de gestação. Um tempo insuficiente para Enzo sobreviver.

O olhar da doutora Vera diante dos exames ficava cada vez mais grave. Nem seus trinta anos de experiência e as 18 mil crianças que trouxera ao mundo sem jamais perder uma vida, nem a confiança e o instinto que herdara do pai, a autoridade em obstetrícia chamada Domingos Delascio, morto em 1991, deram à médica segurança para alentar sua paciente. O caso, desta vez, era mais difícil. Enzo, com sorte, chegaria à 24ª semana de gestação, o que não seria suficiente. Ele deveria agüentar firme no ventre de sua mãe, no mínimo, por 28 semanas. Sandra, informada de tudo, passava a guerrear em duas frentes: física e espiritual.

As lembranças de Sandra caem em dona Alberta, uma tia de origem oriental, de 83 anos, promovida à avó por circunstâncias da vida. Dona Alberta, a "avó japonesa", se pôs a acreditar em uma história paralela a tudo o que acontecia no mundo da ciência, à revelia de certezas médicas e à margem de ceticismos pagãos. Simplesmente acordou bem cedo, fez suas orações e pegou o primeiro ônibus em direção ao Mosteiro da Luz, em São Paulo, com a certeza de quem buscava o antídoto para qualquer mal sem cura. Esperou em uma fila à frente do mosteiro até chegar sua vez de "conversar" com a mesa giratória, ao lado de uma grande porta de madeira que se impõe pelo aviso na placa: "clausura".

Sem ver quem ou o que estava do outro lado, Alberta murmurou que precisava das graças do frei, depositou seu donativo e girou a mesa. As 14 irmãs que vivem no mosteiro nunca cobraram pelos papeizinhos fabricados por elas mesmas há quase dois séculos, mas os fiéis se acostumaram a deixar pequenas quantias ao retirá-los. Quando a mesa girou de volta, dona Alberta apanhou seu ouro: um folheto com uma oração de Frei Galvão e um envelope pequeno que trazia três papeizinhos enrolados em formato de minúsculas pílulas.

Ao voltar para casa, dona Alberta se colocou na missão de propagar sua crença em família. Não bastava uma devoção solitária para salvar a gravidez da neta. Sua fé precisava de aliados. Explicou aos pais de Sandra e à neta o que deveriam fazer com as pílulas de papel de Frei Galvão. As três deveriam ser ingeridas de forma metódica durante nove dias de orações: uma no primeiro dia da novena, outra no quinto e a última no nono.

A prece ao sacerdote vinha no folheto e deveria ser seguida por um Pai Nosso, uma Ave Maria e um Glória a Deus. Ao mesmo tempo em que orassem, deveriam erguer dentro de si uma muralha de fé imperturbável a ponto de sentir nos corações a presença de Deus.

Era em um estado espiritual quase que de levitação que cada palavra daquela súplica deveria ser pronunciada: "Santíssima Trindade, Pai, Filho e Espírito Santo, eu Vos adoro, louvo e Vos dou graças pelos benefícios que me fizestes. Peço-vos por tudo o que fez e sofreu o vosso venerável servo Frei Antonio de Sant'Anna Galvão que aumenteis em mim a fé, a esperança e a caridade, e vos digneis conceder-me a graça que ardentemente almejo. Amém."

Não há muito o que fazer para se evitar um aborto espontâneo. No momento em que as contrações começam, dizem os especialistas, nada pode detê-las. Quando as pílulas de Frei Galvão chegaram às mãos de Sandra, ela estava com dois meses de gravidez e já pressentia os mesmos sinais que haviam anunciado a perda de seus três bebês anteriores: dores, prenúncio de contrações e algum sangramento. Enzo se mexia, Sandra se desesperava.

Criada em família católica, Sandra estava longe de ser uma beata. Apegava-se a Nossa Senhora, mas pouco ouvira falar de Frei Galvão. Sabia sobre sua fama de santidade, mas o sacerdote lhe era uma figura distante. O fato é que, àquela altura, Sandra suplicaria milagres a uma pedra se dissessem que isso salvaria seu filho. A luta para manter Enzo no ventre até o momento de trazê-lo ao mundo com segurança se tornara uma operação de guerra. Sandra chegava a passar 24 horas por dia na posição horizontal e tomava apenas um banho por semana. A água quente do chuveiro poderia provocar as temíveis contrações. Sandra seguiu passo a passo o que a "avó japonesa" lhe ensinara. A primeira novena a Frei Galvão começou no dia em que um sangramento insistia em não parar. Ela ingeriu a primeira pílula, fez as orações e pediu: "Por favor Frei Galvão, não me deixe sangrar mais, não me deixe mais ter dor".

Suas dores e seu sangramento não existiam mais no dia seguinte. O termo milagre ainda era forte demais, usá-lo seria um descuido. O bem estar de Sandra poderia ser passageiro. Um lado de seu útero continuava menstruando, o espaço para o bebê se desenvolver era insuficiente e as dores e o sangramento poderiam voltar com o crescimento do feto. As semanas se passavam e doutora Vera decidiu apagar a luz vermelha e acender a amarela. Se a gravidez chegasse à 28ª semana, Enzo seria um "bebê viável". Mas, caso sobrevivesse, poderia dar início a um novo capítulo doloroso. As seqüelas em uma criança que vem ao mundo em situação tão complicada são muitas vezes inevitáveis.

O risco de morte da própria Sandra não estava descartado. A operação seria de alto risco e a mãe, garantiu a médica, poderia perder o útero e sofrer uma hemorragia abundante. Para todas as causas e efeitos, Vera pediu que se retirasse de sua paciente uma boa quantidade de sangue. Caso houvesse perdas consideráveis no parto, Sandra seria abastecida com ele. A essa altura a interna do quarto 507, no quinto andar da maternidade Pro Matre Paulista, já tinha mais aliados espirituais que sua "avó japonesa" imaginara. Além de sua família, as enfermeiras e a própria doutora Vera aderiam discretamente às pílulas de Frei Galvão enquanto travavam no dia a dia do hospital uma batalha após a outra. O que se viu, a partir de então, foi o duelo da lógica científica dos problemas que surgiam, com a falta de lógica das soluções que ninguém explicava. Sandra, por sua vez, já tinha sua própria lógica. E ela se chamava Frei Galvão.

O bebê, que segundo a médica teria dificuldades de passar da 24ª semana no útero de sua mãe, segurou firme até que se completassem 31 semanas e cinco dias. As dores e o sangramento não voltaram. No dia 11 de dezembro de 1999, depois de oito meses contados em segundos que pareceram séculos, Sandra foi levada para a sala de cirurgia. Às 10h01 de uma manhã de sol na Avenida Paulista, Enzo nasceu com 1,995 quilos sem provocar hemorragias em sua mãe. Sandra, em suas novenas, pedia a Frei Galvão que seu filho viesse ao mundo com dois quilos. Os cinco gramas que faltaram, diz ela, foram do cordão umbilical.

Sem tempo para comemorar o feito para o qual sua própria médica ainda procurava explicações, Sandra foi avisada de que Enzo, embora perfeito, viera à luz com uma insuficiência pulmonar. E no caso de Enzo, outra vez, sua batalha teria inimigos poderosos. A gravidade de seu quadro clínico, conhecido como membrana hialina, era de nível quatro. Enquanto Enzo era "entubado" no setor de UTI neonatal em um respirador de oxigênio, Sandra voltava às portas de Frei Galvão. Não seria no *front* final que mãe e filho perderiam a guerra pela vida.

O último pedido de Sandra a Frei Galvão, para que seu filho se recuperasse o mais breve, é feito um dia antes de doutora Vera testemunhar outro episódio que ainda não consegue explicar. Enzo, em um gesto brusco com as mãos, retira do nariz os canos de ar que alimentam seus pulmões. A enfermeira, ao tentar recolocá-los, percebe que a respiração do menino é normal. Espera 30 minutos para ter certeza de que não está confusa e chama a médica. Vera constata algo que aumenta a seqüência de estranhezas percebidas desde que Sandra chegara ao hospital falando de seus abortos anteriores e das pílulas de Frei Galvão. Enzo estava recuperado de um dia para o outro. No mais otimista dos diagnósticos, ele deveria ficar uma semana na UTI em estado de observação. Sem aparelhos, permaneceu por mais cinco dias no hospital para se recuperar e ganhar peso. Era um domingo de calor na Avenida Paulista quando Sandra colocou um macacão azul em seu filho e seguiu para casa.

Enzo cresceu saudável e as lembranças de Sandra não desbotaram. Antes da carta que escreveu ao ser surpreendida na madrugada pela voz que lhe cobrava gratidão, jamais havia agradecido "oficialmente" àquilo que já não tinha mais dúvidas: seu filho havia vindo ao mundo por obra de um ou mais milagres. Sua médica, Vera Lúcia Delascio Lopes, ainda se atraca com as memórias: "Tudo era diferente na Sandra, sua recuperação, não sei explicar. Os problemas começavam complicados e depois melhoravam". A carta com as lembranças de Sandra, cinco anos depois, estava nas mãos do Vaticano, em Roma, como o mais importante documento em um minucioso processo de santificação. O caso de Sandra e Enzo, depois de muitas investigações científicas e teológicas, foi anunciado pelo papa Bento 16 como um raro episódio de duplo milagre. Seu autor: o frei paulista Antonio de Sant'Anna Galvão, um homem que, para uma multidão, já era santo há dois séculos.

Capítulo Dois

# BERÇO DE OURO

Foi um santinho quem atendeu às batidas de uma senhora humilde na vistosa casa de dois andares em pau-a-pique e janelas de madeira em treliça, na esquina da Rua do Hospital com o Beco do Vaza Canudos. Na primeira metade do século 18, o povoado da Vila de Guaratinguetá, cravado entre São Paulo e Rio de Janeiro, contabilizava não mais do que mil habitantes. Seus dias já haviam sido de maior prosperidade e seus moradores sentiam a crise na carne.

A mulher em frente à grande porta de madeira que chamava por Izabel, a dona do casarão, era um dos muitos pedintes em busca de esmolas. A frente da casa de dona Izabel, a caridosa, era o destino certo dos despossuídos. Famosa por atender a todos, ela não estava naquela tarde, e quem fez as honras da família foi seu filho, o pequeno Antonio. Ao ver a frustração da mulher com a ausência da mãe, o garoto buscou nos armários o que lhe parecia haver de mais valioso e voltou à porta com uma toalha de linho nobre. "É da senhora, pode levar".

A pedinte de poucas posses e muita honra retornou no dia seguinte com a toalha nas mãos e a consciência pesada. Aquilo não era certo, se aproveitar da inocência de uma criança para retirar uma peça valiosa de uma casa alheia. Chamou por dona Izabel para devolver a caridade graúda e ouviu dela uma frase que não esperava como resposta: "Não foi meu filho quem deu? Se meu filho a deu, está bem dada". Izabel Leite de Barros era uma jovem de fortunas. Seus pais já eram ricos fazendeiros da vizinha Pindamonhangaba quando ela avistara pela primeira vez o português Antonio Galvão de França, chegado direto do Algarve, ao sul de Portugal, com cultura e boa educação na bagagem para enfrentar o posto de capitão-mor, a autoridade mais alta da Vila de Guaratinguetá. No entanto, não era no cargo oficial ou em suas influências políticas que Galvão fazia dinheiro. Além das funções de polícia, como controlar quem entrava e saía da Vila, Galvão conhecia a prosperidade no gado que vendia a províncias como Rio Grande do Sul, Santa Catarina e Mato Grosso, e em outras casas de comércio na própria Guaratinguetá que lhe garantiam volumosas transações financeiras. Izabel e Galvão juntariam suas posses e se casariam em Pindamonhangaba a 8 de fevereiro de 1733. Mais do que dinheiro e onze filhos, o casal se harmonizava também em suas crenças religiosas. Ambos católicos, queriam sentir a vocação para as coisas de Deus em pelo menos um herdeiro.

Foi no quarto rebento, nascido em 1739, que Izabel e Galvão de França perceberam logo que poderiam ter mais do que um cristão de boutique na família. O pequeno Antonio vivia sob uma luz diferente. Ou nascera com a marca da bondade, ou aprendera rápido com os pais. Seu berço de ouro garantido pelo conforto de 28 escravos em uma casa de dez cômodos e talheres de prata não se convertia em insensibilidade ou arrogância. O menino era especial demais para que seus pais deixassem que fosse guiado pelos acasos da vida. Assim que Antonio fez 13 anos, sentiu no coração o peso dos vocacionados e se preparou para partir. Fez as malas, se despediu da família e, a mando do pai, foi estudar com os educadores jesuítas no Seminário de Belém, no Recôncavo Baiano, a 109 quilômetros de Salvador. Era o mesmo rígido internato em que já estava José, seu irmão mais velho que não iria longe na vida de renúncias carnais e logo pediria dispensa para se casar.

O Seminário de Belém, instalado a sete quilômetros da Vila de Cachoeira, foi a casa e o colégio de Antonio até os seus 19 anos. Era o que se tinha de melhor em ensino religioso no Brasil. O mais conceituado centro de educação jesuíta na colônia portuguesa da época havia sido fundado pelo padre Alexandre de

Gusmão em 1686 e atraía meninos de todas as províncias. Seus registros já contabilizavam mais de 500 alunos vindos de famílias pobres ou abastadas de toda a Colônia, garotos que acabavam de conhecer a adolescência e que tinham suas vocações testadas ao ferro, ao fogo e à cruz da vida monástica. Todos viviam em absoluta clausura, respeitavam horários marcados por toques de campainha e levavam a obediência como regra número um. Os mais ricos não tinham saída, eram obrigados a se livrar de qualquer afetação de berço. Sem escravos, serviam-se uns aos outros como se fossem empregados do colégio.

Quando as aulas terminavam, os jovens participavam de práticas espirituais marcantes e recebiam valores como a necessidade da pureza das almas, da igualdade entre todos os seres humanos e dos bons costumes preservados pelos franciscanos. Aos domingos, aprendiam as doutrinas e comungavam nas missas. O futuro Frei Galvão se preparava com preces, penitências e uma carga pesada de teologia para atender aos chamados que já ouvia em algum lugar dentro de si.

Ao voltar para a Vila de Guaratinguetá, Antonio Galvão era um jovem que já dominava o latim e toda a cultura dos mestres que aprendera com honras e destaque em Belém. Seria um reencontro feliz com a vida na grande casa da Rua do Hospital se não houvesse um lamento nos olhos do pai, dos irmãos e dos escravos que formavam seu comitê de recepção. A mãe Izabel morrera aos 38 anos sem se despedir do filho, em 1755, três anos antes de sua volta. E no enterro, a última prova de sua essência cristã. O hábito de dar aos pobres o que tinha de melhor quase a deixara sem roupas para o velório.

A falta da mãe e a presença de irmãos mais novos na casa fizeram Antonio ficar ao lado do pai por dois anos antes de seguir um caminho do qual não tinha mais dúvidas. Sua vida estava na devoção e seus passos deveriam ser os mesmos dos jesuítas, a ordem na qual se apegara desde o início. Assim que a poeira baixou na casa dos Galvão, no entanto, soprou do Reino de Portugal uma tempestade que devastaria toda a lavoura da Companhia de Jesus. Sebastião José de Carvalho e Melo, o Marquês de Pombal, primeiro ministro do Rei José I (1750-1777), deflagrava sua mais implacável campanha anti-jesuítica em Lisboa e em todas as colônias portuguesas, com atenção especial ao Brasil. A partir de 1759, um ano depois de Antonio deixar o Seminário de Belém e voltar a Guaratinguetá, Pombal desembainhou a espada sobre a cabeça da ordenação e a decretou inimiga do Reino. Fechou seus colégios, perseguiu seus líderes e seqüestrou-lhe os bens. Em pouco tempo, dois séculos da ordem jesuítica desapareceram das terras de Portugal.

A mão pesada de Pombal foi logo sentida no Brasil. O Seminário de Belém foi fechado e tomado pela Coroa em 1760. Os quase 80 alunos foram mandados para suas casas e seus mestres perseguidos e expulsos. Somente no Brasil, mais de 500 religiosos foram desterrados ou presos. A caça aos jesuítas tinha razões oficiais e paralelas que esquentavam à medida em que a ordem ganhava poder. Marquês de Pombal, um dos mais polêmicos e controversos ministros do Reino, não suportava a idéia de uma companhia autônoma vivendo à margem da autoridade do Estado. O mesmo homem que se destacara na reconstrução do que havia sobrado de Portugal depois do grande terremoto de 1755 era capaz de tudo para deter um grupo de religiosos que considerava maléfico. A tirania de Pombal e sua decisão de banir os jesuítas e qualquer outra organização religiosa não submetida à mão do Estado ganhava força nos fatos que apresentava. Segundo seus argumentos, já existia uma espécie de república religiosa independente no Sul do Brasil e os jesuítas, enriquecidos graças a privilégios como a isenção de impostos, usavam a mão de obra escrava dos mesmos índios a quem alegavam estar ensinando a palavra de Deus.

A Companhia de Jesus não tinha o mesmo poder político de Pombal mas respondia com suas próprias verdades. Eram os padres que haviam chegado primeiro e cultivado terras e gados que Portugal, em outro caso, nem saberia da existência. Eram os religiosos que haviam catequizado milhares de almas selvagens adoradoras de deuses estranhos aos princípios cristãos sem derramamento de sangue.

O novo quadro do que se conhecia por mundo já estava desenhado em 1759, quando Antonio falou ao pai sobre sua vontade de seguir os jesuítas. A ocasião não poderia ser menos apropriada. No mesmo ano em que o jovem orava por uma inspiração divina na grande casa da Vila de Guaratinguetá, Marquês de Pombal, no alto de seu vigor político, conseguia que o Rei José decretasse a sentença de morte à Companhia de Jesus em todo o Reino de Portugal. Ao pai Galvão de França, não havia dúvidas. Por um lado temia pela vida do filho, por outro se ressabiava de sua própria sobrevivência sendo ele homem de confiança do poder português. Se o filho quisesse seguir a Deus com vida, teria de fazê-lo por um outro caminho. E não foi difícil descobri-lo. Galvão de França, apesar de sua simpatia pelos jesuítas, já pertencia à Ordem Terceira de São Francisco, uma confraria que recebia leigos como membros.

Não era um sacerdote oficial, mas jamais faltava às missas da velha igreja matriz de Guaratinguetá ou se esquecia da caridade aos pobres. Os seguidores de São Francisco de Assis tinham as mesmas atenções que os jesuítas na formação cultural de seus membros, mas não seguiam a cartilha da catequese. Longe dos índios, os franciscanos estavam também distantes da mira de Marquês de Pombal.

Aos 21 anos de idade, Antonio refez a cena que vivera aos 13. Despediu-se do pai, dos escravos, dos irmãos e, depois de uma breve passagem pelo Convento Franciscano de Santa Clara, em Taubaté, seguiu para o Convento de São Boaventura de Macacu, na Vila de Santo Antônio de Sá, capitania do Rio de Janeiro. Macacu foi o quinto convento franciscano a ser construído no Brasil, entre 1660 e 1670, e era um dos mais importantes de sua época. Na segunda metade do século 17, havia 30 frades no local, vários noviços e muitos irmãos da Ordem Terceira de São Francisco. As aulas de gramática eram das mais difíceis e os jovens alunos precisavam ser aplicados se quisessem se tornar frades.

O hábito dos franciscanos ainda era cinza escuro — e não marrom, como se tornaria mais tarde — naquele 15 de abril de 1760, quando o nome de Galvão veio anunciado pelos superiores com um "noviço" à frente. Seu sobrenome também mudara. O França do pai seria retirado para dar lugar ao nome que, acreditava, o inspiraria até os últimos dias. Antonio de França Galvão seria agora Antonio de Sant'Anna Galvão. Sant'Anna, avó de Jesus, mãe da Virgem Maria, era a padroeira de sua família e a homenagem revelava o quanto Galvão carregava consigo a devoção cultuada por seus pais.

Macacu era o primeiro degrau de uma escada que o noviço subiria levitando. Sua sede pelas palavras de Deus o faria um prodígio entre os seguidores dos mandamentos de São Francisco. O trabalho no convento deveria ser feito com fidelidade e devoção e os votos de pobreza, castidade e obediência seriam impressos na alma para uma vida inteira. As regras estavam nas orações e eram claras: "Os irmãos não têm propriedade sobre coisa alguma...". "Rezar sempre a Deus com o coração puro; ser humilde e paciente nas perseguições e enfermidades; amar aqueles que nos perseguem, censuram e atacam...." A prece era premonitória. O que não faltaria a Antonio seriam perseguidores.

A vida religiosa em São Boaventura de Macacu foi próspera até o ano de 1841, quando o convento foi rapidamente abandonado pelos sacerdotes por causa de um devastador surto de malária. A violência da epidemia na região, chamada de "febre de Macacu", foi tamanha que dizimou boa parte da população e esvaziou a cidade. As ruínas que se vêem agora são restos de um mosteiro considerado insalubre da noite para o dia. Os pedaços da fachada são até hoje visitados por turistas que seguem até a cidade de Itaboraí, no Rio de Janeiro, substituta da Vila de Santo Antônio de Sá, que atualmente conta com cerca de 205 mil habitantes.

O fato de não serem o alvo principal do Reino de Portugal, como os jesuítas, não fazia dos franciscanos uma ordem menor. Na verdade, eram mais antigos na terra que seus irmãos de batina preta e haviam sentido o gosto da glória de se estar ao lado do poder havia dois séculos. Os primeiros homens de cabeças raspadas e cordão de três nós desembarcaram no Brasil ao lado de Pedro Álvares Cabral no dia oficial do descobrimento da Colônia,

22 de abril de 1500. Eram oito frades que seguiam Frei Henrique de Coimbra, honrado mais tarde por celebrar a primeira missa no País. Se o lema dos jesuítas que os tornariam parte da História era a catequese, o dos franciscanos seria a humildade. O voto de pobreza, além dos de obediência e castidade, impede até hoje que os frades tenham qualquer objeto em seu nome. A renúncia deve ser absoluta.

O que fascinava Frei Galvão era a essência de uma ordem que tinha como princípio básico nivelar os seres humanos à única condição de irmãos. Seus superiores batiam nas teclas de que ninguém poderia ser frade na solidão de uma caverna ou no alto de uma montanha. A irmandade que buscavam não passava por chefes ou líderes uma vez que todos os franciscanos se colocavam como "irmãos menores em missão". A beleza de suas práticas, no entanto, não blindaria a congregação contra o mau humor de Portugal. Os franciscanos também sentiriam na pele as limitações impostas por Marquês de Pombal e o número de freis já começara a decair no momento em que Antonio professava sua fé em Macacu.

Apenas um ano depois de ingressar na casa religiosa como noviço, Antonio era liberado para novo destino, o Convento de Santo Antônio do Rio de Janeiro. Comparado à formação de hoje, Frei Galvão fez em pouco mais de dois anos de estudos em Macacu e Santo Antônio o que se alcançaria em não menos do que sete anos, incluindo os cursos iniciais de filosofia e teologia.

Quando menos esperava, o jovem prodígio Galvão professava seus votos: "Eu, Frei Antonio de Sant'Anna Galvão, faço voto e prometo a Deus, à Bem Aventurada Virgem Maria e ao Bem Aventurado São Francisco, nosso Padre e a todos os Santos e a vós, Padre, de guardar todo o tempo da minha vida a Regra dos Frades Menores vivendo em obediência, sem propriedades e em castidade."

Os rituais da cerimônia de sua ordenação, em 11 de julho de 1762, deixaram marcas das mais fortes em sua vida sacerdotal. Os franciscanos celebram a promoção dos noviços durante uma missa, logo após a liturgia. O formando é questionado se está disposto a assumir as tarefas religiosas e, em seguida, se deita ao chão enquanto outros irmãos cantam as ladainhas dos santos. Humildade demonstrada, suas mãos são ungidas com óleo santo e, então, o noviço está apto a exercer as funções de um sacerdote.

O próximo endereço de Frei Galvão passa a ser a capitania de São Paulo, na qual permaneceria pelos próximos 60 anos. Sua nova casa é o Convento de São Francisco, no famoso Largo São Francisco, onde a cultura paulistana já começava a fervilhar naqueles anos de 1762. Antes da chegada definitiva a São Paulo, no entanto, o franciscano faz questão de celebrar sua primeira missa solene como padre em sua terra natal, cerca de 20 dias depois da sua ordenação. Os bancos da igreja Matriz de Guaratinguetá são poucos para receber a multidão que quer ver e ouvir de perto as palavras do filho que viram crescer.

Frei Galvão já chega como celebridade quando atravessa a porta do grande Convento de São Francisco, ao lado da Praça da Sé, em São Paulo. Os freis mais velhos admiram o virtuosismo intelectual de um jovem já ordenado padre e inscrito em um dos cursos de Filosofia mais procurados da Província. As mulheres suspiram por sua educação, sua cultura e seu charme carregado em um hábito cinza escuro preso à cintura pelo tradicional cordão de três nós que representa os três votos da fraternidade. O sangue europeu do pai português misturado à genética de uma bela mãe de família nobre brasileira formavam um Galvão forte e imponente, de pele morena e quase 1,90 metro de altura. Seus traços percebidos nas telas e nas esculturas sacras feitas depois de sua morte revelam nariz e queixo destacados mas delicados, grandes mãos e um olhar de paz.

A essência da vida franciscana já está em Galvão quando seus irmãos o conduzem para seu quarto, no andar superior do convento. Não há luxo algum nas dependências coletivas de teto baixo e piso de madeira e os serviços são feitos pelos próprios alunos, que não contam com pias individuais ou refeições abundantes. As orações são feitas três vezes ao dia, manhã, tarde e noite. Os franciscanos, seguindo uma cultura de séculos, acordam pela manhã com batidas à porta seguidas por uma frase dita na voz firme do superior: "Ave Maria", ao que respondem: "gratia plena" (graça plena). À meia noite, o código é outro: "benedicamus domino" (louvemos ao senhor), ao que completam: "deo gratias" (graças a Deus).

O autoflagelo foi uma prática que os seguidores de Francisco de Assis mantiveram rigorosamente até as reformas na Igreja Católica promovidas pelo Concílio Vaticano II, em 1963. Era a forma de se penitenciar por atos, pensamentos ou omissões. A dor na carne em troca do perdão divino. Usando um cordão com cinco pontas, Frei Galvão chegou a fazê-lo publicamente, conforme narra um episódio deixado pela história oral contada por quem o presenciou. Ao tentar apaziguar os ânimos de uma família em discórdia, o sacerdote sentiu o peso da impotência. A casa não atendia aos seus apelos cristãos. Filhos e pais aumentavam a intensidade de seus insultos. Galvão empunhou seu cordão de castigo ali mesmo, diante de todos, pedindo em voz alta perdão a Deus pela incapacidade de tocar aqueles corações enquanto surrava as próprias costas. A família, atônita, deixou de brigar e decidiu ali fazer as pazes.

A prática do castigo nos mosteiros, no entanto, nunca chegou a ser uma carnificina sem limites. Os frades o faziam em seus quartos, até três vezes por semana, rezando salmos penitenciais durante sete ou dez minutos após o jantar. Sem exageros, o flagelo deveria ser feito nas pernas. O exercício das penitências carnais na Igreja Católica, como o uso do temível cilício que perfurava as pernas de quem o usava, são consideradas hoje dispensáveis pelo Vaticano.

Aos 27 anos, Frei Galvão estava pronto para ir mais longe. Sua estada com os franciscanos de São Paulo não só o fazia um especialista nos ensinamentos de Francisco de Assis como o aproximara da Virgem Maria. O fato é que os franciscanos sempre tiveram por Maria uma devoção defensora e apaixonada. Galvão, em novembro de 1766, se declara "filho e perpétuo escravo" de Maria Santíssima em um documento forte e emocionante, assinado com seu próprio sangue: "Saibam todos quantos esta carta virem, como eu, Fr. Antonio de Sant'Anna, me entrego por filho e perpétuo escravo da Virgem Santíssima Minha Senhora, com a doação livre, pura e perfeita de minha pessoa, para que de mim disponha conforme sua vontade, gosto e beneplácito, como verdadeira Mãe e Senhora minha...".

Os estudos haviam terminado em 1768 quando Galvão, em um lance só, foi nomeado a três cargos pela província franciscana: pregador, confessor de seculares e porteiro do convento. Ser porteiro era uma honra só concedida a religiosos mais carismáticos e a portaria, onde sacerdotes e leigos se encontravam, era um posto estratégico a ser ocupado por alguém que equilibrasse a sólida formação teológica à sensibilidade para lidar com os devotos. Ser pregador e confessor dos fiéis eram duas funções que se completavam. E foi essa formação de ir a campo ouvir histórias de gente sofrida em troca do alento cristão que Frei Galvão carregaria para sempre. Não demoraria muito para sair em andanças a pé — uma vez que os franciscanos não se atreviam a usufruir do luxo de animais como transporte — por cidades paulistas como Itu, Porto Feliz, Sorocaba, Mogi das Cruzes, Paraitinga e Pindamonhangaba, além do Rio de Janeiro. A história que escreveria como andarilho pedinte de esmolas por uma causa nobre já estava no começo.

O governo de São Paulo estava nas mãos de um nobre português de nome Luiz Antônio de Souza Botelho e Mourão, o Morgado de Mateus, que ficaria no cargo entre 1765 e 1775.

Suas missões na colônia, definidas por Marquês de Pombal, não eram fáceis. São Paulo havia perdido o status de capitania desde 1748 e seus habitantes, desde então, estavam sob as ordens do governo do Rio de Janeiro. Além de restabelecer a condição de capitania a São Paulo, Morgado de Mateus deveria proteger o Sul do país contra as invasões dos espanhóis, aumentar as fronteiras internas para o oeste e, ao mesmo tempo, mandar à Coroa recursos para a reconstrução de Lisboa, devastada pelo grande terremoto de 1755. O homem, hábil e eficiente, confirmou ser uma das apostas mais acertadas de Pombal. Foi em sua administração que São Paulo testemunhou, pela primeira vez, o progresso econômico, político e social.

Não por acaso, Morgado iria cruzar ao menos por duas vezes o caminho de Frei Galvão. A primeira se deu no dia 25 de agosto de 1770, quando o governador inaugurava a Academia dos Felizes, a primeira academia de letras da província. O "Felizes" do nome tinha origem cristã. Ao acordar de um sonho, Morgado mandou que procurassem em um antigo colégio de padres jesuítas uma imagem de Santa Ana, por sinal, a mesma santa à qual a família do frei guardava devoção desde sua infância. Seu sonho havia sido premonitório, a imagem estava exatamente onde seus pressentimentos indicaram. Ao mesmo tempo, chegavam notícias da descoberta de minas de ouro no Rio Tibagi. O clima de conquistas contagiou Morgado, que decidiu batizar sua academia de letras com um termo que expressasse seu estado de espírito. A sessão de inauguração contou com sete horas de duração e a presença de grande parte dos intelectuais paulistanos.

As ligações de Morgado com os religiosos o faziam uma exceção no universo de Marquês de Pombal. Filho de pai cristão pertencente à antológica ordem dos Cavaleiros de Cristo, Morgado não via os sacerdotes como ameaça. A sessão de abertura de sua academia de letras em São Paulo era prova das estreitas relações que guardava com os homens de batina. Estavam juntos beneditinos, franciscanos, carmelitas, sacerdotes seculares e ainda advogados, professores e escritores leigos.

Frei Galvão surgia ali na Academia dos Felizes como poeta autor de 16 peças escritas em latim. Apenas uma delas era dedicada a Morgado de Mateus. As outras 15 tinham como clara inspiração Santa Ana. Em um trecho traduzido pelo professor Alexandre Corrêa, Galvão derrama todo seu lirismo sobre a padroeira de sua família: "As belas estrelas te contemplam desde as alturas do céu mirando com faiscante luz as tuas planas faces. O povo feliz te oferece as suas aclamações e te rende os seus amores; e os nossos prados te ofertam suas formosas rosas. Tornam-se floridas com a intercessão de Ana e fugirão as coisas profanas; a primavera dura na minha cidade; a Deusa nutriz das sementes."

Galvão, ao longo de sua vida, iria sempre se equilibrar em uma insistente seqüência de infortúnios que sucedem bonanças e derrotas que aparecem depois de conquistas. Sem jamais lamentar as derrotas ou praguejar aos infortúnios, confiava no que sempre evocava como sendo a providência divina e deixava Deus agir para recolocar tudo em seu lugar. O mesmo ano de 1770, que o faz um poeta reconhecido em São Paulo depois de já ter destaque como religioso, traz dissabores emocionais. Antonio, seu pai, morre aos 64 anos em Guaratinguetá, levado por causas desconhecidas de um mal inesperado e repentino. Não houve tempo nem para testamentos. Integrante da Ordem Terceira de São Francisco foi enterrado vestido com o hábito dos franciscanos.

Uma nova trincheira se abre no momento em que Galvão ganha outra tarefa de seus superiores. Seria agora, além dos cargos que acumulava, confessor do Recolhimento de Santa Teresa, a primeira casa religiosa para mulheres de São Paulo, fundada em 1685 pelo bispo Dom José de Barros Alarcão, que pertencia à ordem carmelita. Os registros não apontam o lugar exato onde funcionava o recolhimento, mas sabe-se que ele ficava no centro da cidade.

Era uma nomeação rara a de um homem responsável por ouvir as confissões das freiras enclausuradas no até então único recolhimento da cidade. Assim que assumiu, conheceu a mulher que o faria escrever os melhores capítulos de sua história: Irmã Helena Maria do Espírito Santo, de família nobre, mas admitida no recolhimento na condição de servente a pedido da própria jovem, que se julgava ainda pequena de valores espirituais para ser freira.

CAPÍTULO TRÊS

# A CAMINHO DO MOSTEIRO

Irmã Helena Maria acordou assustada. Jesus Cristo surgia em seus sonhos já há um tempo com insistência pedindo que ela construísse uma espécie de convento para abrigar mais irmãs. Naquela noite, no entanto, o recado não poderia ser mais direto. A imagem de Nosso Senhor é nítida. Ele está rodeado por ovelhas, umas nos braços, outras pelos ombros e outras tentando subir por seu corpo. Em certo momento, olha em seus olhos e diz: "Eis aqui estas ovelhas que procuram um aprisco para se recolher e não encontram, pois vós podendo não quereis subministrar-lhes um, fundando um convento em cumprimento de minha vontade".

Era preciso que algum sacerdote acreditasse em suas visões e a ajudasse a fundar um novo recolhimento para as servas de Deus. No dia seguinte à chegada de Frei Galvão, a religiosa descreveu ao novo confessor a cena que tivera durante o sono. Não era a primeira vez que Galvão sabia de mensagens como essas, mas, homem equilibrado e cauteloso, resistia a crer naqueles pedidos, apenas supostamente vindos dos céus. Além da forma um tanto quanto sobrenatural como as súplicas chegavam, naquela época a fundação de novos conventos estava terminantemente proibida na Colônia.

A perseguição de Marquês de Pombal às ordens religiosas prosseguia e, com o objetivo de sufocá-las aos poucos, foram decretadas novas restrições. Nenhum noviço poderia ser aceito nas congregações já existentes e a fundação de qualquer novo convento, fosse de irmãs ou de padres, seria considerado crime. Burlar a regra parecia impossível.

A convicção de irmã Helena Maria era tamanha, e Frei Galvão tinha tanto apreço pela devoção da freira, que ambos decidiram consultar os superiores. O caso não teria ido adiante não fosse a religiosa um exemplo de santidade em vida. Desde criança, Helena Maria do Espírito Santo, nascida em 2 de maio de 1736 perto da cidade de Apiaí, região de Paranapanema, interior de São Paulo, já se destacava pela forma com que fazia orações, penitências e caridade.

Aos 17 anos, a jovem decidiu se dirigir ao Recolhimento de Santa Teresa e, apesar de pertencer a uma família abastada, pediu para ser aceita como auxiliar de serviços gerais das recolhidas. Sua humildade surpreendera até as irmãs. Ao se tornar confessor das freiras, Frei Galvão também se encantou com a vocação da religiosa e ele mesmo escreveu um relato, que se encontra hoje no Mosteiro da Luz: "Admiravam-se as virtudes que resplandeciam na Serva de Deus, Helena Maria do Espírito Santo, a qual todos os dias jejuava a pão e água, comendo só ao jantar um pão inteiro, ou meio, senão parte diminuta; algumas vezes passou três dias sem comer coisa alguma. Chegou este excesso a cinco dias... A sua pobreza era extrema e voluntária porque rejeitava esmolas oferecidas de alguns devotos e de seus próprios confessores; só possuía um hábito e uma caixinha velha com algumas coisinhas de nenhum valor".

O frei também contou sobre suas penitências contínuas e registrou que a irmã usou cilícios por anos inteiros, dormindo com eles em terra fria. O tempo diário que dedicava à oração também não podia ser menor do que sete horas. Com tanta entrega, não era de se estranhar que fosse irmã Helena Maria a escolhida para receber uma mensagem divina.

Os pedidos nos sonhos da freira eram claros: um novo recolhimento deveria ser fundado em São Paulo. Os sacerdotes e teólogos consultados por Frei Galvão e pela religiosa declararam que as visões se tratavam, de fato, de uma inspiração de Deus e aprovaram o início de uma empreitada que já nascia repleta de adversidades. Não importa. As palavras dos céus eram fortes demais para Frei Galvão ignorar.

Duas questões precisavam ser resolvidas de imediato: como obter a permissão para a abertura de um novo convento e onde instalá-lo. O primeiro obstáculo foi superado com uma solução engenhosa: em vez de um convento, seria fundado um recolhimento, "uma casa de retiro onde jovens piedosas se reuniam para viver como religiosas". Lá, as moças não faziam votos e, assim, ninguém contrariava as ordens de Marquês de Pombal.

O recolhimento, pelo gosto de irmã Helena Maria, seria moldado segundo a ordem carmelita. Mas o novo bispo, dom Frei Manuel da Ressurreição, que era franciscano, determinou que a nova comunidade seguisse a ordem das concepcionistas, irmãs seguidoras de Imaculada Conceição. Também defensores históricos dos valores da Imaculada, os franciscanos apoiaram incondicionalmente a ordem Concepcionista desde sua fundação, em 1484, por Santa Beatriz da Silva, na Espanha.

Como o Recolhimento de Santa Teresa já era carmelita, o natural seria que o novo seguisse a ordem iniciada por Santa Beatriz. Assim, em 2 de fevereiro de 1774, foi fundado o Recolhimento de Nossa Senhora da Conceição da Divina Providência, chamado carinhosamente pelo frei de "nosso conventinho", mais tarde transformado em Mosteiro da Imaculada Conceição da Luz. Irmã Helena Maria e uma sobrinha eram as primeiras recolhidas. Mas não ficaram sozinhas nem por vinte e quatro horas. No dia seguinte à fundação, uma sinhazinha que passava em frente ao novo recolhimento com sua escrava, sentiu ser chamada por Deus e tomou parte na nova comunidade.

Faltava ainda um terreno para que as obras do recolhimento pudessem começar. Era a segunda questão a ser resolvida. Dessa vez, porém, Frei Galvão e irmã Helena Maria foram abençoados. Se Marquês de Pombal atrapalhava a nova comunidade, o governador da capitania de São Paulo, Morgado de Mateus, inverteria o jogo na segunda vez em que seu caminho cruzava com o de Frei Galvão. Disposto a ajudar o franciscano poeta membro de sua Academia dos Felizes, não titubeou em ceder um terreno de grandes proporções, situado no Campo do Guaré, hoje conhecido como bairro da Luz, no centro de São Paulo.

No fim do século 18, a região era despovoada e suas terras eram cortadas pelo riacho Guarepe, que dava nome ao local. Apenas a pequena capela de Nossa Senhora da Luz se encontrava ali. Fundada em 1603, o pequeno templo estava abandonado quando Morgado de Mateus, em 1765, mandou restaurá-lo. Foi ao lado dele que algumas casas foram construídas para que as religiosas e os escravos se abrigassem durante oito anos, enquanto a primeira parte do novo recolhimento era construído no terreno doado. À frente das obras estava Frei Galvão.

Em 8 de setembro de 1774, com a comunidade já formada, irmã Helena Maria e mais oito jovens religiosas vestiram, pela primeira vez, a túnica azul e branca das concepcionistas. A data se tornou duplamente especial: 8 de setembro era também o dia em que se comemora o aniversário de nascimento da Virgem Maria. As primeiras recolhidas viviam em oração e silêncio, que era quebrado apenas pelo canto de alguns pássaros e por fiéis que, de vez em quando, chegavam para pedir alguma oração ou fazer donativos, geralmente farinha, açúcar, algodão ou um pouco de carne.

Os dias eram de bastante pobreza, já que as irmãs viviam de esmolas. A roupa que havia era apenas o suficiente e, por diversas vezes, as religiosas comiam não mais que uma vez por dia. Sua alimentação se limitava a um mingau de tapioca no jantar. Quando a bananeira do quintal dava frutos, havia também banana verde cozida. As celas das casas ao lado da capela também eram muito pequenas, sem assoalho nem forro. As camas eram esteiras. Os travesseiros, pedaços de madeira. As poucas vestimentas eram de tecidos grosseiros e remendados e os sapatos, feitos de panos velhos. Algumas religiosas andavam descalças, mas ninguém se queixava. Os esforços, agora, deveriam se voltar para a construção do novo recolhimento.

Resolvidos os dois grandes problemas iniciais, Frei Galvão se pôs a desenhar a estrutura do futuro prédio do Campo do Guaré. Apesar de não ter grande conhecimento de arquitetura, ele queria que o local fosse agradável e resistente à ação do tempo. O sacerdote poeta se revelava também um projetista autodidata.

Galvão pensava na vida em clausura das irmãs para arquitetar cada detalhe da construção. O ambiente precisava ser acolhedor porque, como as irmãs viveriam confinadas, deveriam ter um espaço bem ventilado, iluminado e, dentro do possível, protegido de doenças do mundo externo, como a temida varíola. Assim, a casa deveria ser de fácil manutenção e limpeza. Também deveria resistir aos estragos que viriam com os anos e ser construído em definitivo, de forma que não fossem necessárias reformas nem ampliações. Sendo um local de mulheres, não haveria quem fizesse os trabalhos de pedreiro ou marceneiro, possíveis em um convento masculino.

Assim, com a definição de como deveria ser o interior do recolhimento, o estilo colonial foi escolhido e está presente nas linhas simples e harmoniosas de sua fachada conservada até hoje. A excelência da construção renderia ao prédio reconhecimentos oficiais décadas depois de sua fundação. Em março de 1846, Dom Pedro II e a imperatriz Dona Teresa Cristina fizeram uma visita ao Recolhimento da Luz, comovidos já pela fama de santidade de Frei Galvão. Mais de um século depois, em 1988, o local tornou-se patrimônio cultural da humanidade por decisão da Unesco, órgão das Nações Unidas para a Educação Ciência e Cultura.

A beleza das formas era só o começo. A engenharia de Galvão seria singular, mas precisava sair do papel. E, para isso, custaria um dinheiro que nenhum religioso possuía àquela época. Sem ajuda do Estado, impedido de receber verbas do Vaticano, o franciscano decidiu sair em busca de donativos. As famílias de algumas religiosas, donas de posses, enviaram contribuições e escravos para trabalharem na construção. Era uma boa ação que sensibilizava Frei Galvão, mas não era o suficiente.

## Capítulo Quatro

# SURGEM OS INIMIGOS

A boa safra que Galvão colhia em sua vida franciscana desde que chegara a São Paulo parecia ter seu prazo de validade vencido no ano de 1775. A cadeia de situações que começava a desenhar à revelia de sua própria vontade terminava em um cenário de alto risco. A competência lhe dava popularidade, a popularidade lhe conferia poder, o poder lhe dava visibilidade e a visibilidade, como a história mostrara com os jesuítas, trazia inimigos. O governo aliado de Morgado de Mateus chegava ao fim depois de dez anos. E quem apontava no horizonte vinha de espada em punho e olhar pouco fraterno. Martim Lopes de Saldanha, o novo capitão-geral enviado pela Corte de Lisboa, iniciou em São Paulo o que os historiadores identificam como uma época sinistra. Suas arbitrariedades eram tão graves quanto os seus equívocos, que começam com uma ordem tirânica: o fechamento imediato do Recolhimento da Luz.

O argumento teórico de Saldanha era de que a casa não contava com uma permissão oficial da Metrópole para estar aberta, embora houvesse uma autorização cedida pelo Senado da cidade. As razões práticas eram mais fortes. Saldanha não tinha interesses em manter obras que seu antecessor apoiara e, ao mesmo tempo, precisava fortalecer sua imagem junto ao Marquês de Pombal com atitudes enérgicas. Seu estilo seria o da intransigência, algo que nem sempre se converteria em vitórias. O mesmo ano de 1775 já havia deixado perdas irreparáveis a Frei Galvão. Em 23 de fevereiro, irmã Helena falecera depois de sofrer crises de um mal desconhecido na época, com dores e cólicas lancinantes. Abatido, o próprio Frei Galvão escreveu um documento sobre a morte da freira que mudara sua vida. Sua carta, em vez de lamentos, trazia a descrição de um cadáver que apresentava sinais característicos dos santos em seus leitos de morte. "O seu corpo ficou flexível de tal sorte que, falecendo ela no dia 23, no seguinte dia 24 estalavam os dedos quando eram comprimidos. Eu mesmo, com a minha diligência, dei vinte e cinco estalos nos referidos dedos, e tão altos que foram ouvidos por todos os que se achavam na igreja." O ano das tristezas de Frei Galvão se completava com as ordens vindas de Martim Saldanha que determinavam o fechamento da casa.

Galvão recebeu a ordem para abandonar a morada da Luz como a ovelha que segue ao sacrifício. Se não gostou da idéia, não disse a ninguém. Simplesmente pegou seus poucos pertences, mandou que as irmãs voltassem para suas casas e se preparou para mudar de vida. Naquele dia a missa foi em clima de velório e os fiéis narraram o fato que testemunharam para a posteridade.

A comunidade, pronta para a missa na capela ao lado do recolhimento em pleno dia de São Pedro, esperou pelo sacerdote tempo suficiente para perceber que algo não ia bem. Frei Galvão estava atrasado porque havia sido chamado pelo bispo, deixando até as irmãs sem informações. Ao retornar, vestiu-se para a celebração do que seria sua última missa na Igreja do Recolhimento. Terminou seus trabalhos e avisou os fiéis para não adorarem mais o altar, uma outra forma de dizer que os dias daquela capela estavam contados. As irmãs deveriam chamar seus pais para virem buscá-las e seu rebanho deveria procurar outra morada.

Era a prática da obediência sem murmurações dos franciscanos em ação. Nenhum lamento, nenhum protesto. Quando acatava a decisão de um superior como Martim Saldanha, Galvão não o fazia necessariamente por concordar com o capitão-mor, mas por acreditar na boa e funcional providência divina. Eram as linhas tortas pelas quais Deus escreveria seus melhores textos. A subserviência de Galvão era a Deus, não a Saldanha. E sua serenidade ao deixar o convento criado para atender diretamente aos pedidos do próprio Pai era fruto de sua fé. Galvão acreditava que a justiça viria em breve, mas o preço de tal episódio não seria baixo para as irmãs enclausuradas.

Nem todas as religiosas obedeceram às ordens e deixaram a clausura. Sem Galvão, sete delas fariam ali uma resistência silenciosa e angustiante. Ninguém poderia saber que entre aquelas paredes havia vida, já que as penas para os que contrariavam as leis não eram brandas. Assim, as noviças trancaram portas e janelas, se proibiram de sair à rua e se prepararam para viver os piores dias da história do que viria a ser o Mosteiro da Luz. Mais de vinte dias se passavam e já era certo que só orações não iriam saciar suas necessidades humanas. Os suprimentos estavam no fim, a água só poderia ser conseguida fora do convento e a comida se resumia ao que brotava no quintal: algumas hortaliças, um pouco de mandioca e frutas como bananas e o amargo cambuci — nascido de uma árvore que até hoje sobrevive no mosteiro, apesar de sua copa já ter sido atingida por um raio. No entanto, a colheita só poderia ser feita durante a noite, para que ninguém descobrisse que as irmãs resistiam firmes naquele recolhimento. Os fatos que começam aqui foram repassados em séculos pela história oral das próprias freiras e são ainda contados pelas irmãs que vivem hoje na clausura do recolhimento. Sem mais recursos, as freiras aumentaram suas orações até o dia em que sentiram a resposta dos céus.

Quando a sede parecia um caso sem solução, uma chuva torrencial desabou sobre a região da Luz até que todos os vasilhames colocados em pontos estratégicos pelas irmãs fossem enchidos. Assim que se fartaram as bacias, contam as religiosas, as águas se foram da mesma forma desavisada com que chegaram. A fome, que também já abatia as mais idosas, seria solucionada com outra graça. De um dia para o outro, deu-se nas plantações uma abundância inexplicável de morangas, em um terreno que ficava ao fundo do recolhimento. A quantidade dos frutos no ponto para serem consumidos espantava as próprias irmãs. Narra-se que eram muito mais do que as próprias freiras precisavam. Um mês e poucos dias se passaram da clausura mais radical vivida em um convento na cidade até que um homem bateu à porta. Era ele, Frei Galvão, de volta como se fosse outro dos milagres que começavam a fazer parte da rotina daquela casa. As irmãs dobraram os joelhos e choraram. O dia da justiça havia chegado por mãos que nem o sacerdote sabia identificar. Simplesmente foi informado de que deveria retornar e reabrir seu recolhimento.

Como fez quando lhe mandaram embora, acatou as ordens de voltar sem maiores dramas. Era a primeira derrota popular de Martim Saldanha para a força de um homem que quanto menos queria o poder, mais força conseguia. Saldanha havia sido advertido da atitude precipitada e recebido ordens expressas do Rio de Janeiro, assinada pelo Marquês de Lavradio, para que reabrisse a casa. Não se sabe os exatos motivos da decisão, se por sensibilidade dos governantes superiores a Saldanha, por reclamação do bispo Dom Manuel da Ressurreição ou pelos apelos populares que já se ouviam na capital da Colônia. O fato é que Martim Saldanha saía do episódio desgastado e raivoso e Galvão voltava ainda mais popular e cheio de sonhos para começar a colocar em prática naquele espaço que já era conhecido em São Paulo como "o viveiro de santas".

Os planos de Galvão, agora fortalecido, eram de melhorar o viveiro sem torná-lo um palacete. Sua estratégia era de sobrevivência. Se aquele recolhimento ganhasse ares de convento nobre, iria pesar contra si toda a carga das leis pombalinas que mandavam passar a corrente em volta das grandes casas sagradas em terras portuguesas. Em vez de bater de frente, Galvão desviou. Para não perder sua condição de recolhimento, manteve-se discreto e impediu as senhoras religiosas de fazerem votos e se tornarem oficialmente freiras. Na prática seriam, no papel não.

A morada das religiosas no antigo Campo do Guaré já tinha fama de sobra quando foi reaberta por Frei Galvão. Dezenas de jovens vocacionadas passaram a bater à porta daquela clausura. Era, mais uma vez, a popularidade de Galvão mandando a conta. Inspiradas pela história da resistência das irmãs e pelo carisma sereno de Galvão, rumavam para o Recolhimento da Luz como quem segue para a terra prometida. A vida monástica, no entanto, não era uma missão fácil. Depois de tomarem a delicada decisão consigo mesmas, era o momento de enfrentarem muitas vezes as resistências na própria família.

Inês de Assis fez de seu ingresso no "viveiro de santas" um símbolo de perseverança. A história, sem documentos que a comprovem, jamais foi ignorada pelas irmãs. Filha de um tenente-coronel de pouco apreço por religiões, Inês decidiu seguir o que seu coração implorava. Para atender ao que considerava um chamado do Pai dos céus, bateu de frente com as convicções de seu pai na terra, arrumou a mala e se foi.

Se não convencera por argumentos a filha a desistir da idéia de se juntar àquela turma de senhoras confinadas, o oficial usaria toda a sua força. O tenente se armou de ira e soldados e seguiu para a frente da casa das recolhidas com um pelotão. Só voltaria com Inês em sua sombra.

Assim que perceberam os soldados já no pátio do convento em busca de Inês, as irmãs fizeram o que sempre faziam levadas pelo desespero. Se ajoelharam e deixaram Jesus Cristo perceber toda a angústia que as sufocava. Os homens chegaram à porta da clausura e começaram a bater. Ninguém abriu. Eles passaram a forçar a entrada. Não se sabe exatamente o que se passa a partir daí, mas os testemunhos são de que nem tranca havia naquela mesma entrada que já parecia aos homens uma muralha intransponível. A força invisível daria seu recado em pouco tempo. Estranhando a lógica dos fatos para logo depois se sensibilizar, o oficial ordenou que seus homens se retirassem. A partir daí, deixou a filha seguir os passos que escolhera.

As obras no recolhimento precisavam seguir sob as ordens e os trabalhos de pedreiro de Frei Galvão e de um grupo de escravos. Os recursos estavam no fim e a chegada de mais e mais mulheres confirmava ao sacerdote as mensagens recebidas pela irmã Helena. Eram mesmo muitas ovelhas que precisavam de abrigo mais decente. Galvão escreveu uma carta ao governo de São Paulo para preparar o terreno e, nas entrelinhas, avisar que iria atrás do dinheiro que precisasse para terminar sua construção e aumentar as dependências do recolhimento: "... o frontispício está especado, o dormitório é muito acanhado e o número das que desejam a vida da Providência Divina vai sendo maior...".

As vistas grossas de um Estado que já havia sofrido desgastes políticos suficientes por tentar sumir com Frei Galvão daquelas terras, jogavam a favor do sacerdote. O empecilho agora não era político, mas financeiro. A São Paulo de Martim Saldanha passava por um período de crises e os religiosos não desfrutavam da metade do prestígio que tinham antes de Pombal. A saída só poderia estar na humildade franciscana. Antonio de Sant'Anna Galvão, nascido em casa com 28 escravos, filho de capitão-mor, poeta, estudioso do latim e educado nos melhores colégios religiosos de sua época, se aprontava para tornar-se mendigo. Se não tinha mais de onde tirar, Galvão sairia pedindo. Era a grande prova para sua formação. A humildade e a fraternidade, no fundo, era o que aprendera durante anos de estudos e clausura em mosteiros conceituados. Frei Galvão saiu a pé por São Paulo e, depois, por várias cidades do interior. O lombo dos cavalos e a cadeirinha carregada por escravos, embora de direito dos sacerdotes, eram cenas nas quais não se imaginava. Um percurso poderia ser feito em dias ou em meses e tudo era mais fácil ou penoso dependendo do que o céu lhe mandava. Dias de chuvas abundantes e de sol inegociável não foram poucos.

Galvão logo percebeu que a missão de suas andanças não estava só nos recursos que deveria conseguir para construir o mosteiro. Muitas vidas que cruzavam seu caminho precisavam de suas palavras e eram nelas que o frei começava a ganhar fama de santidade. Frei Galvão chegava às cidades e logo era recebido como uma atração religiosa. Seu olhar e a serenidade de sua voz o faziam ser procurado por pessoas dos mais diferentes níveis nas comunidades que encontrava.

O fato de nem sempre poder estar ao lado dos fiéis que clamavam por suas intercessões dá início às histórias mais inexplicáveis narradas por seus contemporâneos e passadas às gerações futuras. Seriam, segundo os populares, milagres que o frei realizara em vida. Em certa ocasião, estava o franciscano no Convento de Santo Antônio, no Rio de Janeiro, ao mesmo tempo em que uma de suas devotas sofria gravemente com uma doença no sítio em que morava, nos arredores de São Paulo. Grávida e convicta de que apenas o frei poderia salvá-la, pediu a seu marido para ir buscá-lo na cidade.

Ao chegar ao Convento de São Francisco, em São Paulo, seu marido ficou sabendo que o religioso estava no Rio e demoraria a voltar. No dia seguinte, o homem voltou para casa abatido e pensando na melhor forma de dar a notícia à esposa. Quando entrou em casa, no entanto, a mulher estava curada e lhe contou que, durante a noite, em meio à forte chuva que caía, Frei Galvão aparecera, tomara sua confissão e abençoara um copo de água, dando-o para beber. E ela, imediatamente, se restabeleceu. Agradecido pela vida da esposa, o homem partiu até o Rio de Janeiro para falar pessoalmente com o frei. Ao chegar ao Convento de Santo Antônio, contou a história para o guardião do local, que não acreditou, jurando que Frei Galvão não havia saído de lá em nenhum momento. Mandaram chamar o franciscano para tirar a dúvida e ele mesmo confirmou a notícia: "Como aconteceu, eu não sei, mas naquela noite eu estive mesmo lá".

O fenômeno é tratado pelos religiosos como bilocação, ou a capacidade que alguém pode ter de estar em dois ou mais lugares ao mesmo tempo. A Igreja Católica tem em sua história outros casos em que homens de muita fé fazem aparições inexplicáveis em vida. Sobre o italiano Padre Pio, que viveu no início do Século 20, há vários testemunhos de bilocação. Um deles narra o caso de um general do Exército de nome Cadorna. Depois de ser derrotado na importante batalha de Feltro de Caporetto, Cadorna entrou em depressão aguda e decidiu dar cabo da própria vida. Ao apontar a arma para a própria cabeça, ouviu a voz de um monge em seu quarto: "Oh general, por que quer fazer coisa tão estúpida?" Assustado, guardou o revólver e concluiu mais tarde ter recebido a presença de Pio em estado de bilocação.

Um dos mais conhecidos episódios que narram a presença de Frei Galvão em dois lugares ao mesmo tempo vem de Potunduva, que fica hoje na cidade de Jaú, interior de São Paulo. O frei rezava uma missa em São Paulo no mesmo instante em que Manuel Portes, capataz de uma expedição que vinha de Cuiabá pelo Rio Tietê, envolveu-se em uma briga e foi apunhalado pelas costas na pequena Potunduva. Manuel passou a sangrar muito e, percebendo a eminência da morte, gritou por Frei Galvão para receber a extrema-unção. Os companheiros, atônitos e sem nada entender, testemunharam a inexplicável chegada do franciscano. Frei Galvão se aproximou, tomou a confissão do ferido, amparou sua alma e se foi da mesma forma inusitada com que chegou assim que o capataz faleceu.

No mesmo instante, Frei Galvão celebrava uma missa em São Paulo. Sem maiores explicações, pediu aos presentes que rezassem com ele pela salvação de uma alma que agonizava longe dali. A tripulação da expedição de Manuel Portes não teve dúvidas de que tinha presenciado um milagre e, no local da morte do companheiro, levantou-se uma grande cruz. Os anos se passaram, a história continuou sendo contada para as gerações que habitaram aquelas terras e, tempos depois, uma capelinha em homenagem à Frei Galvão foi construída.

A cidade de Potunduva hoje faz parte do roteiro seguido pelos peregrinos que buscam conhecer os passos do religioso. A capela reformada no local do milagre da bilocação está situada dentro de um condomínio fechado que leva o nome "Frei Galvão". Uma festa em homenagem ao santo é realizada todo segundo domingo do mês de maio, e chega a atrair cerca de cinco mil pessoas. Um outro caso de bilocação foi registrado na cidade de Taubaté, próxima a Guaratinguetá. Um senhor gravemente doente sofria com a insistência de seus parentes para que se confessasse com Frei Galvão antes que fosse tarde. O homem, já fraco, afirmava veementemente que já havia recebido o frei como confessor há poucos dias.

Ninguém acreditou e todos apostaram na insanidade do homem, já que o franciscano não estava na cidade. Cansado de ter de repetir a história e de sempre cair em descrédito, o senhor levantou seu travesseiro e retirou um lenço que pertencia ao frei. Esquecido ou deixado intencionalmente por Galvão para atestar a fé daquele enfermo diante de seus familiares, o objeto era uma prova incontestável de que não estava delirando. Os parentes reconheceram a peça e jamais entenderam o que havia acontecido naquele quarto.

Capítulo Cinco

# ENTRE ESCRAVOS E FREIRAS

A vida de Frei Galvão, por 14 anos, seria entre o corpo a corpo da pregação pelos vilarejos e os tijolos que ele mesmo, com a ajuda dos escravos, usava para subir as paredes do novo recolhimento da Luz. Sua residência oficial era em um quarto no Convento do Largo São Francisco desde que viera de sua ordenação no Rio de Janeiro, mas pouco parava por lá. Se acumulasse títulos nesta época, Frei Galvão seria — além da nomeação oficial de sacerdote — pedreiro, mestre de obras, engenheiro e arquiteto.

Os escravos ao lado de Frei Galvão não eram poucos. A história de um franciscano que construía com as próprias mãos uma nova casa religiosa comovia os pais das irmãs enclausuradas e os que tinham mais posses ofereciam parte da mão-de-obra de suas fazendas. Nenhuma família fez tanto pelo convento quanto a do casal Luiz Botelho e Maria Diniz de Jesus, que moravam em Minas de Paranapanema. Eles tinham nada menos que treze mulheres com seus sobrenomes, internas no recolhimento de Frei Galvão. Como que para pagar uma dívida, eram eles quem mandavam os maiores lotes de escravos para ajudar o sacerdote.

A relação de Frei Galvão com os escravos era de respeito e prudência. Estavam ali, sobre o mesmo terreno, dezenas de irmãs confinadas em oração ao lado de trabalhadores nem sempre convertidos aos princípios cristãos. Os choques culturais eram inevitáveis. Primeiro, as irmãs precisavam conter o barulho dos cantos negros. As rezas e o silêncio não conviviam bem com a espécie de mantra que os homens entoavam para trabalhar.

Combinou-se o seguinte: quando uma irmã aparecesse à porta e erguesse o braço, a algazarra deveria ter fim até que fosse de novo permitida. Frei Galvão ficava mais preocupado à medida que o número de trabalhadores e de irmãs sob seu comando aumentava. E logo tratou de impor regras.

Nenhuma ordem religiosa da época se insurgiu oficialmente contra a escravatura. Aos olhos dos franciscanos, manter homens como subordinados não era uma afronta à vontade de Deus. O próprio Frei Galvão contou com o trabalho de negros no convento até sua morte. Não era na posse de escravos que morava o pecado, mas na forma como seus proprietários os tratavam.

E Galvão limpou de uma vez por todas quaisquer resquícios de autoritarismo quando ditou as primeiras normas às irmãs: "Que nunca diguem palavras injuriosas aos escravos. Mais podem os pais injuriar a seus filhos do que os senhores injuriarem a seus escravos, porque são nossos irmãos, que por altos juízos de Deus são cativos e nossos escravos."

Ao lado dos escravos, a justiça estava feita. Faltava disciplinar e alertar as mulheres. Algumas regras ainda soam duras: "É recomendável não alimentar camaradagens com os escravos e nunca tratar com eles de matérias espirituais. Os conselhos a eles devem ser dados pelos padres." E, entre outras normas, pedia que as irmãs não aceitassem doações.

E o trabalho seguia. Sem cimento e concreto, usava-se terra socada para subir as paredes. As vigas eram de madeira. Os guindastes eram os próprios braços. Muitas árvores da região do Campo da Luz foram aproveitadas no interior do convento. As paredes de pau-a-pique tinham mais de meio metro de espessura, oito metros de altura e até 30 metros de comprimento. Tudo seguindo as linhas que o "engenheiro" Galvão desenhara. Quatorze anos de trabalho se passaram até que, em 25 de março de 1788, o novo recolhimento estava totalmente concluído.

Faltava apenas a igreja. Ao morrer, em 1822, sua obra estaria completa, com exceção das torres. Sua vontade seria feita mesmo depois de sua morte. Parte das torres foi erguida conforme Frei Galvão desenhara com algum objeto pontiagudo na parede do quartinho que habitou no Recolhimento da Luz em seus últimos dias de vida.

A inauguração do recolhimento definitivo inspirou Galvão a instaurar novas regras. Um dos documentos mais importantes datado de 1788, o ano da conclusão da casa, é o Estatuto das Recolhidas, escrito pelas próprias irmãs que decidiram anotar e organizar os conselhos do frei em 47 capítulos. Mais do que ditar normas que preservassem a religiosidade das mulheres recolhidas, os mandamentos revelam traços importantes da personalidade de Frei Galvão. Suas leis eram mais humanistas que disciplinares, mais psicológicas que matemáticas. O silêncio que pedia não era por caprichos pessoais, mas para a reflexão. Os murmúrios que tanto repudiava poderiam sujar as almas e desviar o caminho de mulheres decididas a passar toda uma vida de serviços a Deus.

Humildade e caridade andavam juntas e tinham de ser cultivadas. E o sofrimento, curiosamente, é recomendado pelo sacerdote, como narra o capítulo 2 do estatuto: "Recomenda-nos muito a humildade e caridade para umas com as outras. A paz, a união e muito sofrimento. Diz que se uma sofrer tudo aquilo que achar que pode sofrer fica santa porque o sofrimento é virtude que adianta muito a alma para Nosso Senhor... Recomenda-nos muito a humildade, a obediência, a caridade e a mansidão, paz e união entre as irmãs sofrendo e calando, tudo com mansidão, sem queixas e com silêncio."

O sofrimento que pede Frei Galvão não é a dor gratuita dos sadomasoquistas. Sofrer, para mulheres enclausuradas por toda uma vida de entrega e renúncia, significava desde as mais cortantes saudades da família às tentações por voltarem a levar uma vida fora daqueles muros. Frei Galvão já as conhece bem e, astuto, valoriza o estado de sofrimento. Quando ele vier, que todas saibam que será para glorificá-las e deixá-las mais perto de Deus. As queixas entre as irmãs também deveriam ser abafadas a todo custo. E aí Frei Galvão ensinava outra tarefa. As lamúrias em um convento, ou em qualquer outro universo, agem como ervas daninhas que contaminam até os mais otimistas.

O silêncio era uma das maiores virtudes do homem para Frei Galvão. Assim dizia ele, conforme foi anotado no capítulo 4: "É pela boca que se peca muito. (O silêncio) é a virtude principal da religião. É muito difícil falar sem errar. Com apenas uma palavra pode-se cometer uma culpa grave. Quanto mais silêncio se fizer, menos riscos há de se pecar e mais sossego o recolhimento haverá de sentir em sua alma." Era mais uma investida de Frei Galvão a favor da paz dentro de seu "viveiro de santas" e contra os murmúrios que tanto repudiava.

Os votos que fizera na juventude — castidade, obediência e pobreza — permaneceriam irretocáveis até sua morte. Mas era preciso regá-los e difundi-los. A obediência aos superiores que o sacerdote pregava era radical e muitas vezes não entendida entre o próprio meio religioso. Ao receber uma ordem, por mais contestável que fosse, Frei Galvão acatava. Foi assim em toda sua vida, e assim ele explicava sua postura vista por muitos como submissa: "Frei Galvão nos recomenda muito a virtude da obediência, sempre nos dizendo que ninguém erra por obedecer. Ainda que os Prelados e Confessores errem quando mandam, a criatura sempre acerta em obedecer. E vai segura".

Oito anos antes de suas recomendações serem anotadas e transformadas em regimento para as internas, Frei Galvão transformara suas palavras sobre obediência em atos. No episódio que se tornaria conhecido como "caso Caetaninho", o franciscano teve sua capacidade de acatar ordens testada ao limite. Caetano José da Costa, o Caetaninho, era um soldado nascido em São Paulo e descrito como o "trombeta da Legião dos Voluntários Reais". Trabalhava a mando do temido governador da capitania de São Paulo, Martim Saldanha, e não tinha nada em seu passado que o desabonasse. No lugar errado e no dia incerto, Caetaninho resolveu se divertir na mesma festa na Fazenda São Bernardo em que se encontrava o capitão Antonio Lopes Lobo de Saldanha, filho do governador. Com os dois embriagados, a confusão começou. Caetaninho, esbofeteado pelo jovem Saldanha, revidou e feriu seu desafeto levemente. Foi o bastante para despertar a irracionalidade e a ira de Martim Saldanha, o mesmo homem que já havia ordenado o fechamento do Recolhimento de Frei Galvão.

Caetaninho foi a julgamento e o Conselho de Guerra o condenou à prisão perpétua com trabalhos forçados. Não importava se o soldado havia ou não revidado a uma bofetada. Sua condenação era uma vingança desproporcional deflagrada por uma família que não tinha limites quando o assunto era o poder.

Martim Saldanha queria a cabeça do soldado que havia encostado em seu filho. Ferindo a sentença da época e desrespeitando a legislação do Conselho, o governador português decretou a morte de Caetaninho por enforcamento. A decisão pesou mais do que Saldanha esperava. A repercussão do caso, com a Igreja Católica e a população a favor de Caetaninho e fartas da tirania de Saldanha, colocaria também uma forca no pescoço do governador.

A Igreja decidiu se manifestar com veemência. Se levantaram o bispo Dom Manuel da Ressurreição, membros da Câmara Municipal de São Paulo e vários religiosos que se opunham àquela condenação. Entre eles estavam Frei Galvão e um companheiro monge da ordem dos beneditinos. Martim Saldanha assistiu aos protestos com um sorriso sarcástico nos lábios e uma caderneta nas mãos. Executou Caetaninho na forca e anotou o nome daqueles que se rebelaram contra suas ordens. Assim, saiu em busca de dois nomes que haviam se manifestado mais duramente contra a execução: Frei Galvão e seu amigo monge beneditino. Mais uma vez o franciscano de Guaratinguetá cruzava sua frente. E agora, Saldanha tinha um bom motivo para se livrar do frei para sempre.

A sentença de Martim Saldanha era clara: o monge e o frei deveriam deixar São Paulo em 24 horas e seguir para o Rio de Janeiro. Era a ordem de um superior soando nos ouvidos de Frei Galvão. Os religiosos já o conheciam o bastante para saber que, por mais absurda que fosse a determinação, Frei Galvão a obedeceria. Temendo que o pior acontecesse e que o frei não fosse encontrado logo ao nascer do sol, os populares correram para persuadi-lo. O monge não iria acatar a ordem de desterro e, assim, Frei Galvão também poderia desrespeitá-la. E foi assim que o franciscano respondeu: "O monge é beneditino, tem outro superior. Eu sou franciscano e sigo obedecendo". Como havia feito em 1775, quando o mandaram abandonar o Recolhimento, Frei Galvão arrumou suas coisas em pouco tempo e partiu a pé para o Rio de Janeiro.

A lógica da obediência de Frei Galvão se perceberia, mais uma vez, com o tempo. As ordens descabidas também deveriam ter um sentido nos planos de Deus. Sereno, sem lamentos, confiante, o sacerdote caminhava enquanto a capitania de São Paulo entrava em ebulição. Muitos populares, revoltados com o despejo do frei, recrutavam escravos armados e seguiam para as imediações da casa do Governador. Frei Galvão, enquanto isso, caminhava já pelas ruas do bairro do Brás em direção ao Rio. Ao se lembrar das irmãs enclausuradas e do sofrimento que tiveram com sua primeira ausência, parou para escrever uma carta pedindo que elas não entrassem em pânico e que confiassem na providência divina. Conseguiu que o escravo de uma casa a levasse ao recolhimento e continuou sua viagem.

O governador logo sentiu que ninguém à frente de sua residência estava brincando. Sem saída, pressionado e desgastado politicamente desde a execução recente de Caetaninho, deu meia volta em mais uma de suas ordens e mandou que seus soldados buscassem Frei Galvão imediatamente. A sentença tinha de ser revogada. Frei Galvão, encontrado a caminho do Rio de Janeiro pelos homens de Saldanha, só pode ter recebido a nova decisão com um sorriso discreto no canto dos lábios. Para o bem de São Paulo e da integridade física do próprio governador, o frei deveria retornar ao Recolhimento da Luz. Ordens eram ordens, e ele voltou mais forte que nunca perante seus fiéis. A Martim Saldanha restou a demissão do cargo de Governador da Capitania.

A confiança de Frei Galvão no que chamava de providência divina era tal que não há registros ou testemunhos de episódios nos quais o sacerdote, apesar de toda a perseguição política contra ele, tenha se descontrolado. Esse equilíbrio não era apenas um dom. O frei sabia que tinha de trabalhar para que as irmãs também alcançassem este estágio de autocontrole, e assim foi anotado no Estatuto os perigos de se levar para dentro da casa o que se ouvia na portaria. "Frei Galvão nos diz para nunca contarmos o que ouvimos das pessoas quando estamos na portaria, que isso não é virtude e não agrada a Nosso Senhor... Que quem ouvir que cale sua boca e não conte nada aqui dentro."

O comportamento das irmãs perante estranhos no convento deveria ser impecável. "Frei nos mandou nunca aparecer para pessoas de fora, que estejam no Recolhimento ou mesmo na Portaria, sem estarmos cobertas com gabinardo, calçadas e compostas, ainda que seja para os mesmos escravos de casa." Sobre os escravos, aliás, o regimento era severo. O que o frei diz sobre os trabalhadores não era por separatismos raciais, mas para preservar o estado de religiosidade de suas internas.

A alimentação das irmãs também era disciplinada. "Nos mandou que nunca se leve no refeitório comeres diferentes do da comunidade... Que por princípio algum, nunca leve uma coisa para uma irmã e outra coisa para outra..." E aqui, institucionaliza um jeitinho brasileiro que, sabia, as irmãs praticavam: "Se alguma irmã quiser levar alguma coisa na manga sem que as outras vejam, que o pode fazer. E não faz mal comer no refeitório". Uma vez no refeitório, a lei do silêncio era de novo evocada: "Quando se estiver no refeitório, não se fale alto na cozinha, que se esteja em silêncio." Canto gregoriano era a única espécie de música que Frei Galvão queria que fosse adotada por suas filhas. Nas horas vagas do recolhimento, ele punha-se a ensinar canto e também latim para as irmãs, além de recitar salmos.

O capítulo 34 do Estatuto traz um apanhado de idéias, nem todas conexas umas às outras. Começa com novas preocupações com relação a comportamentos sexuais do mundo externo: "Mandou-nos que não se ande recolhendo aqui dentro meninos e rapazinhos. Aconselha-nos também que não tenhamos criações, como de galinhas, e nem misturados, galos com galinhas. É conselho de um missionário que não se faça isso nos conventos." Evoca novamente o silêncio: "Dispensar o silêncio no refeitório é correr com o Divino Espírito Santo". E termina com um detalhe no qual poucos sacerdotes pensariam: "Também não quer que tenhamos roupas muito compridas que andem arrastando pelo chão, como caudas. Quer somente que componham os pés."

Foi sobre uma rocha que Frei Galvão construiu o recolhimento pedido por Deus nas visões de Irmã Helena. Quase dois séculos depois da morte do franciscano, as quatorze irmãs que vivem hoje no que é conhecido desde 1929 como Mosteiro da Luz respiram o ar que Frei Galvão tratou de purificar com suas recomendações. O estatuto original é guardado por elas como uma herança espiritual e seus capítulos, mesmo os mais duros, ainda são seguidos pelas religiosas com um poder de devoção suficiente para blindá-las contra as tentações. Mais do que nas imagens colocadas nas dependências do mosteiro, a presença de Frei Galvão é percebida nas palavras e no cotidiano das freiras.

Sem empregados nem ajudantes, as irmãs concepcionistas cuidam das tarefas domésticas do mosteiro e do auxílio espiritual dos fiéis, ainda que à distância, já que permanecem rigorosamente enclausuradas. Seus trabalhos são feitos durante os intervalos entre os sete momentos de oração que cumprem diariamente. O dia começa cedo, por volta das 5h. Em jejum, elas rezam o primeiro ofício em grupo, fazem as leituras referentes àquele dia e realizam a oração da manhã. Em seguida, dedicam-se à meia-hora de meditação e, então, acompanham a missa das 7h na igreja do mosteiro, batizada de Igreja de Frei Galvão. Apenas pouco antes das 8h é que tomam o café da manhã.

Cada irmã tem uma função, seja como cozinheira, enfermeira ou secretária. No fim do dia, elas têm autorização para assistir aos noticiários na televisão, como o "Jornal Nacional", da Rede Globo, mas a preferência mesmo é por emissoras católicas. É pelo pouco que assistem na TV que as freiras sabem o que se passa no mundo fora da clausura. Também é permitido assistir a filmes em DVDs ou videocassete que narram a vida de santos e receber os parentes no mosteiro. Todas têm direito a um pedacinho do jardim para plantar flores ou fazer hortas. No projeto de Frei Galvão, uma grande área livre deveria ser preservada para que as religiosas se mantivessem saudáveis. O espaço verde, apesar da urbanização da cidade, permanece intacto.

Quando inaugura o Recolhimento após 14 anos de trabalho pesado e passa a contar com o estatuto escrito pelas irmãs, Frei Galvão tem 49 anos e uma história que já lhe permitiria a paz de uma vida mais contemplativa. O franciscano, no entanto, não larga os tijolos. Quer agora construir uma igreja ao lado do convento, nem que para isso leve mais 14 anos. E assim foi. Ainda que já contando com força política e religiosa suficiente para lhe garantir apoio em sua nova obra, adotou o mesmo método usado para erguer a clausura: a peregrinação. E lá saía novamente o franciscano pelas ruas de São Paulo e seus povoados em busca de recursos para o templo.

Frei Galvão foi diversas vezes ao Rio de Janeiro a pé, sustentado apenas por duas sandálias surradas. Como guardião do Convento de São Francisco, de três em três anos deveria se reunir com seus superiores na capital do País para fazer um balanço dos anos passados e programar os futuros. Cada viagem levava de três a quatro meses de andanças. Além do horizonte parecer não chegar nunca, o sacerdote ia parando para batizar crianças, casar jovens e pacificar famílias.

Sempre que podia, Frei Galvão descansava das caminhadas em sua terra natal. Era em Guaratinguetá que matava a saudade dos parentes, conhecia os sobrinhos e atendia os amigos. Em uma dessas visitas, o franciscano encontrou uma prima que sofria com uma gestação complicada. Ela e seu bebê corriam risco de morte. Os médicos estavam preocupados e não arriscavam palpites. Diziam apenas que fariam tudo o que pudessem para salvar os dois.

Ao encontrar o primo com fama de abençoado passando alguns dias na cidade, a moça se apegou à idéia de que, se parisse ao lado de algum pertence do frei, estaria salva. Certa de que ele não levaria sua crença a sério, decidiu tecer um cinto de franciscano igual ao que ele usava para, na surdina, trocar os cordões e ficar com o do primo. Arquitetou seu plano sem dizer nada a ninguém e se apressou em fazer o falso cordão.

Alguns dias depois, um homem bateu à sua porta. Era Frei Galvão: "Prima, onde está o cinto que você teceu para mim?".

Surpresa e desconcertada com a inexplicável premonição do religioso, a jovem foi buscar o cinto que havia feito para trocá-lo com Galvão. O caso ficou para a história como um episódio de premonição.

A hora do parto chegou e a mulher amarrou o cinto do primo à cintura, confiante de que tudo sairia bem apesar dos prognósticos médicos. E assim ocorreu. Mãe e filho passaram bem e, a partir daí, toda a cidade queria dar à luz com o cordão do frei no ventre. De tanto uso, o objeto ficou surrado até se tornar um pedaço de tecido envelhecido, conservado hoje na Casa de Frei Galvão, em Guaratinguetá. Ainda há grávidas que lá chegam pedindo o cinto emprestado para garantir que o parto não tenha problemas. A recomendação, porém, é de que tomem as pílulas de oração, criadas pelo frei entre 1786 e 1788.

## Capítulo Seis

# AS FOTOS

Aquarela de Debret, de 1827, mostra a antiga Vila de Guaratinguetá

Escultura em madeira - Casa Frei Galvão

Casa onde Frei Galvão nasceu e passou a infância em Guaratinguetá, atualmente transformada em museu

Igreja de Santo Antônio, em Guaratinguetá, onde Frei Galvão celebrou sua primeira missa

Estátua do religioso em frente ao Seminário Frei Galvão, em Guaratinguetá
Dependências do Convento de São Francisco onde o frei passou quase 60 anos (à direita)

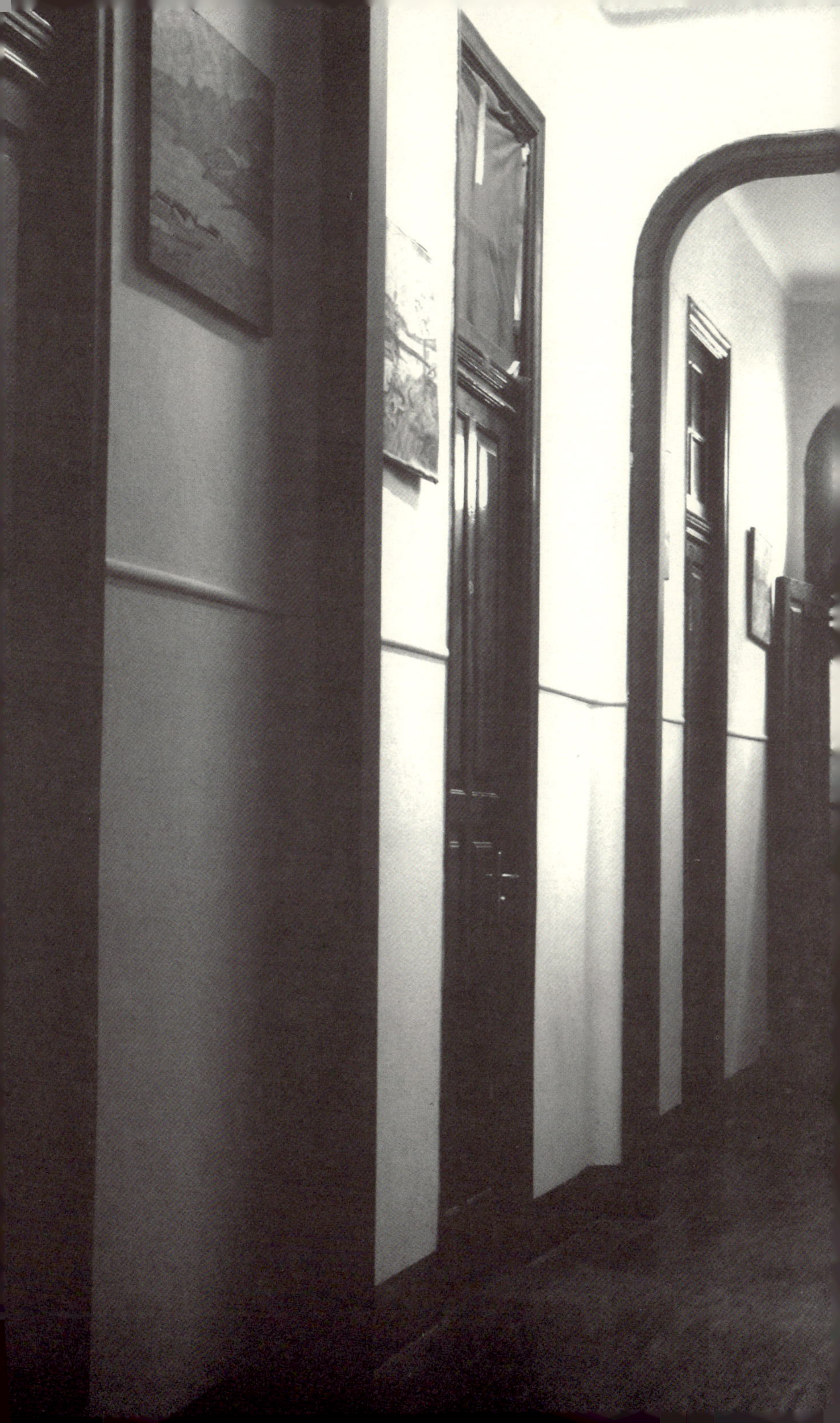

AGRADEÇO A
FREI GALVÃO
AGRADEÇO
A
Frei Galvão
Por Uma
Agradeço
PELA GRAÇA

À esquerda a fachada e acima o interior do Mosteiro da Luz

Desenho do mosteiro feito pelo frei na parede do quarto onde morreu

Azulejos no Mosteiro da Luz

Acima, relicário com restos mortais de Frei Galvão e, à direita, seu túmulo — ambos no Mosteiro da Luz

HIC JACET
ANTONIUS SANT'ANNA
GALVÃO
HUJUS ALMÆ DOMUS
INCLYTUS FUNDATOR
ET DIRECTOR
QUI ANIMAM SUAM
MANIBUS SUIS SEMPER TENENS
PLACIDE OBDORMIVIT
IN DOMINO
DIE 23 DECEMBRIS
ANNO 1822

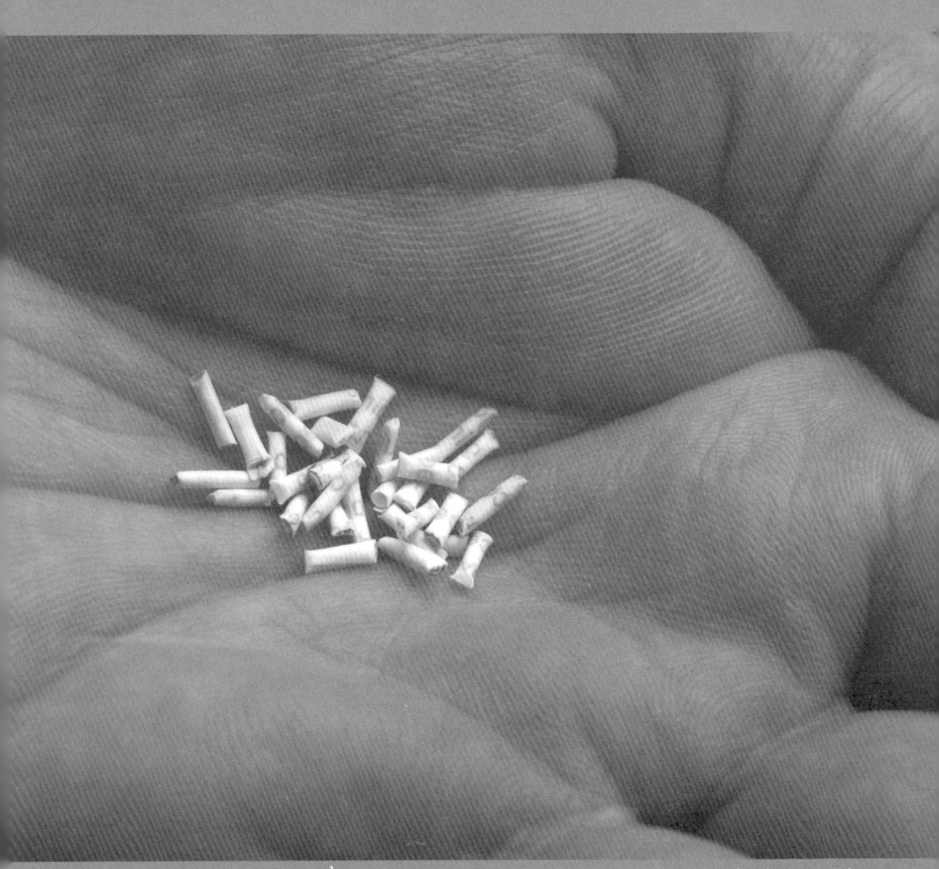

Pílulas de Frei Galvão. À direita , irmã Cláudia Hodecker, secretária do mosteiro

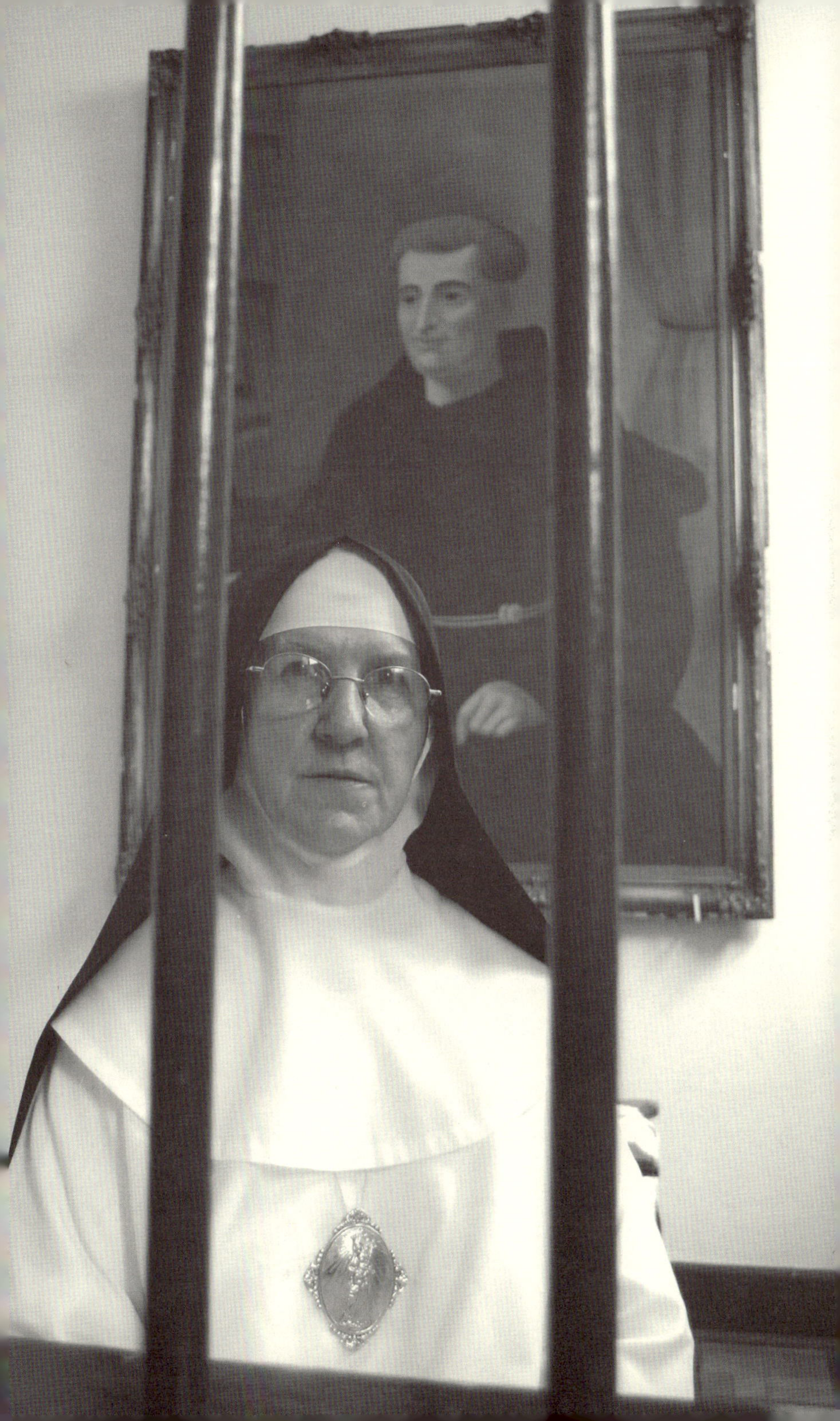

SI- CUT TABERNACULA CE-
Verdadeiro retrato da Prodigioza
S. das Barras do Beato Antonio

Santuário de Nossa Senhora das Brotas em Piraí do Sul, no Paraná

À esquerda, estampa de Nossa Senhora das Brotas, dada por Frei Galvão para uma moradora de Piraí do Sul

Seminário de Belém, na Bahia, onde o frei iniciou seus estudos

Ruínas do Convento São Boaventura, em Macacu, no Rio de Janeiro

Daniella Cristina da Silva e irmã Célia Cadorin na beatificação de Frei Galvão no Vaticano

Sandra Grossi de Almeida e seu filho, Enzo

Cerimônia de beatificação de Frei Galvão celebrada por João Paulo II, no Vaticano, em 1998

ARQUIVO CASA FREI GALVÃO

Desvendando a tela de Frei Galvão, durante cerimônia de beatificação. Vaticano, 25 de outubro de 1998.

## Capítulo Sete

# PAPÉIS QUE CURAM

As dores provocadas pelas pedras nos rins já não davam sossego ao moço que há algumas semanas estava cheio de vida. Não havia médico nem remédio descoberto no fim do século 18 que conseguissem curar seus males. A solução era apelar aos santos e o que estava mais perto era Frei Galvão. Vendo o desespero do filho, o pai foi em busca daquele religioso cujo poder da oração já tinha fama na província de São Paulo.

Era um dia tranqüilo de trabalho no mosteiro quando o homem chegou angustiado e pedindo ajuda ao frei. Ao saber que o jovem se contorcia de dor, abatido por um forte cálculo renal, começou a rezar. Pediu à Virgem Santíssima que aliviasse aquele sofrimento e, por um momento, se concentrou. Frei Galvão decidiu então escrever, em um minúsculo pedaço de papel, uma frase em latim do Ofício de Nossa Senhora que considerava de uma força latente: "Post partum, Virgo, inviolata permansisti: Dei Genitrix, intercede pro nobis".

Enrolou o papel com a escritura sagrada e o entregou ao homem, recomendando que levasse ao filho imediatamente. O poder da fé de Frei Galvão era testado mais uma vez. Assim que o moço ingeriu aquele pequeno pedaço de papel, a pedra foi expelida e as dores desapareceram.

A frase milagrosa que inspirou Galvão a criar ali uma pílula de papel para aliviar o sofrimento de um homem tem o seu significado ligado à Nossa Senhora: "Depois do parto, ó Virgem, permaneceste intacta: Mãe de Deus, interceda por nós". Ela faz parte de uma oração rezada pelos sacerdotes nos dias dedicados à Virgem

Maria. Frei Galvão, devoto fiel da mãe de Jesus, recorreu à padroeira em um momento que marcaria sua história para sempre.

Não passou muito tempo e o artifício foi usado novamente. Em uma de suas viagens ao interior, o frei foi abordado por um senhor em desespero. Com temor de perder a esposa e o filho em um parto bastante complicado que já começara, o homem se aproximou implorando por uma oração. O franciscano lembrou-se da frase escrita no pequeno papel e repetiu o ritual. Escreveu a oração, enrolou o papel e mandou que o entregasse à mulher. Apegado mais uma vez à Virgem, esperou pela notícia. Já era fim de tarde quando o senhor retornou aliviado, contando que a esposa e o filho estavam salvos e saudáveis.

As histórias dos papéis milagrosos, como os casos de bilocação, correram de boca em boca. A popularidade de Frei Galvão, que em vida já era chamado de santo pelos seus gestos de profunda caridade, só aumentava. Por mais que o religioso tentasse omitir e ser discreto em seus atos, eles acabavam sendo descobertos. O sacerdote tinha ainda o hábito de ajudar famílias de trabalhadores em necessidade financeira.

Durante a noite, enquanto todos dormiam, era comum que ele batesse à porta de donos de vendas para saldar as dívidas de algum pai de família que andava em dificuldades. Pedia ao comerciante que não revelasse seu nome, mas era em vão. No fim do mês, quando a família tentava pagar o que havia levado fiado dias antes, descobria que o frei já havia pagado a conta. A simpatia por Frei Galvão não vinha de uma classe social específica. Venerado pelos pobres, era também respeitado por políticos e intelectuais da época que admiravam sua formação erudita e sua bondade.

As pílulas passaram a fazer parte de seu dia-a-dia e o frei passou a fazê-las em quantidade para dar aos fiéis. Era também preciso terminar a construção da igreja e, como faltava tempo para confeccionar os pequenos papéis, Galvão decidiu ensinar às irmãs como produzi-las. Recomendou que, ao escrever a frase em latim, estivessem em estado de oração e que as entregassem a quem fosse buscá-las na portaria do mosteiro. Já naquela época, as mulheres grávidas, conhecendo o caso passado no interior, recorriam a elas para garantir uma gestação e um parto tranqüilos.

O trabalho na igreja, após anos de dedicação, estava no fim. Faltariam apenas as torres, que não tinham extrema necessidade. O importante era ter um local adequado para que as missas fossem rezadas à comunidade. Vinte e oito anos depois do início da construção do recolhimento, no dia 15 de agosto de 1802, Frei Galvão viu a igreja do Mosteiro da Luz, que mais tarde teria seu nome, ser abençoada e receber a autorização para começar suas celebrações.

No altar do novo templo, a imagem da Imaculada Conceição, feita pelas próprias irmãs do mosteiro, recebeu a bênção do frei e foi colocada no ponto de maior destaque. Ao seu lado, mais abaixo, as figuras de São José (também feita pelas freiras da Luz), de Santa Ana (encomendada por Galvão e trazida diretamente de Portugal) e de Santa Beatriz, completam o cenário imaginado pelo franciscano.

Toda de madeira, em tons de marrom, bege e dourado, a capela não ostentava luxo nem ocupava muito espaço. Pequena, com capacidade para cerca de 200 pessoas, permanece como no início, acolhedora e aconchegante. As imagens de Santo Antônio e de São Francisco de Assis, ainda intactas, também já faziam parte da igreja desde sua inauguração.

Com o mosteiro e a igreja concluídos, o frei cumprira a função que acreditava ter recebido de Cristo havia quase trinta anos. As visões da irmã Helena Maria se tornaram obra de uma vida inteira e tanto as freiras quanto os fiéis tinham agora um novo local para falar com Deus.

Frei Galvão seguia suas funções religiosas quando, em 1808, às vésperas dos 70 anos, foi nomeado visitador provincial dos conventos franciscanos do Sul. Prontamente, como sempre, atendeu ao novo chamado. O frei não soube, mas vinte e sete anos antes, havia sido nomeado presidente e mestre dos noviços pela ordem franciscana. Seu trabalho de doutrinar os jovens religiosos a partir da experiência adquirida ao longo dos anos seria no Convento de São Boaventura de Macacu, no Rio de Janeiro, onde estudara quando jovem. Se para lá seguisse, ficaria longe de São Paulo. Uma artimanha de seus superiores em São Paulo garantiriam sua permanência na cidade.

Os paulistas não podiam se dar ao luxo de dispensar um frei tão querido e dedicado. Era preciso fazê-lo permanecer por perto a qualquer custo. Dom Manuel da Ressurreição, bispo de São Paulo à época, não repassou ao sacerdote a carta que o ordenava seguir para seu novo destino. Assim, o franciscano nem soubera da ordem e os moradores de São Paulo não perderam seu confessor.

Anos depois, nomeado visitador provincial, o frei, mais uma vez, retomou suas andanças e, no fim de 1808, chegou ao Vale do Rio Piraí, no Paraná. Como de costume, ele ia parando pelas vilas para pregar e descansar. Ao chegar ao vilarejo de Piraí do Sul, onde passou alguns dias, hospedou-se na casa de Ana Rosa Maria da Conceição, uma devota fervorosa. Ali rezou missas e aconselhou fiéis. Ao ir embora, como agradecimento, Frei Galvão presenteou a anfitriã com uma bela imagem de Nossa Senhora e alertou Ana Rosa de que aquela estampa tinha poderes milagrosos.

Daquele dia em diante, a família passou a fazer suas orações diante da imagem, que foi colada em uma cartolina e emoldurada em madeira. A anfitriã do religioso chegou a escrever embaixo da estampa os dizeres "Lembrança do Frei Galvão", para que aquele momento tão especial ficasse registrado.

Ana Rosa era viúva e se casou novamente. Com o novo matrimônio, mudou-se de casa e acabou perdendo o quadro. Por mais que revirasse o trajeto da mudança entre o endereço antigo e o novo, não encontrava sinal do presente. O tempo passava e ela não se esquecia da estampa. Um dia depois do Natal daquele ano, ao passar por um local que havia sofrido um grande incêndio, Ana Rosa encontrou o quadro entre as cinzas. A madeira fora totalmente queimada, mas a imagem se manteve intacta. Ela sentiu ali estar diante de uma graça. Nada havia escapado ao fogo, nem mesmo a moldura, mas a figura de Nossa Senhora permanecia inexplicavelmente conservada.

A notícia se espalhou e a imagem, que recebia apenas as orações familiares, começou a ser procurada pelos moradores da região. Ana Rosa permitiu a devoção e até os tropeiros que passavam pela vila faziam questão de ir até ela fazer suas orações. A estampa, que era uma cópia da chamada "Nossa Senhora das Barracas", famosa em Portugal mas desconhecida no Brasil, foi batizada pelo povo como Nossa Senhora das Brotas, por "brotar" entre as cinzas do incêndio.

As gerações se passaram e a imagem dada pelo frei, novamente emoldurada, nunca deixou de ser adorada até que, no início do século passado, foi inaugurado na cidade o Santuário de Nossa Senhora das Brotas. A devoção aumentou e o local foi ficando pequeno demais para tanta fé. Em dezembro de 1987, Piraí do Sul ganhou um novo santuário. Por ficar em um local retirado, a três quilômetros do centro, os religiosos acharam mais prudente guardar a estampa em um local seguro. Parecia até que estavam antevendo o futuro. Em 2001, o santuário foi saqueado e diversas peças foram roubadas. Uma estátua de Nossa Senhora das Brotas, feitas por um escultor português em 1965 e muito venerada pelos fiéis, foi destruída e precisou ser restaurada. O presente de Frei Galvão, bem escondido, acabou preservado.

A imagem, até hoje, fica exposta apenas durante as novenas de fim de ano. Como a estampa fora encontrada por Ana Rosa em um 26 de dezembro, instituiu-se que a festa de Nossa Senhora das Brotas ocorreria todo primeiro domingo após o Natal. O costume se mantém e cerca de quinze mil devotos, muitos de São Paulo, Santa Catarina e Mato Grosso, fazem uma procissão até o santuário, entoando orações e agradecimentos. A pequena cidade de 24 mil habitantes nesta época se torna uma grande festa graças à passagem do franciscano por lá.

São Luiz do Paraitinga, município próximo a Guaratinguetá, também ficou marcado por uma visita do frei. Em 1810, durante uma de suas paradas, ficou combinado com o pároco local que ele faria um sermão aos fiéis da cidade. A multidão foi chegando e a igreja não deu conta de receber tanta gente. A solução foi fazer o sermão do lado de fora, no pátio que ficava em frente ao local. Para que Frei Galvão pudesse ser visto por todos, logo arranjaram uma mesa de madeira maciça que fez as vezes de púlpito. Diz a história oral que, no fim da celebração, os devotos descobriram as marcas das pegadas do franciscano na mesa e, a partir daí, ela se tornou um objeto cobiçado. Todo mundo queria passar as mãos nas marcas que, com o tempo e o uso, acabaram se apagando.

Sem contentar-se em apenas tocar a famosa mesa, alguns ainda arrancavam lascas dela a fim de levar para casa como relíquia. O costume não parou e, para preservar o que restava daquele objeto, o padre de São Luiz do Paraitinga decidiu doá-la para a Casa de Frei Galvão, hoje transformada em uma espécie de museu em Guaratinguetá. Para comemorar os 250 anos do nascimento do frei, em 1989, a casa onde nasceu foi totalmente restaurada e sua fachada, recuperada como era originalmente por Theresa e Tom Maia, descendentes da sexta geração dos irmãos do franciscano.

A parte térrea do sobrado, que se tornou um lugar sagrado e é aberto à visitação, abriga uma série de relíquias, de quadros e de imagens de Frei Galvão, além da mesa de Paraitinga que, mesmo com um vidro em cima, continua sendo atacada pelos fiéis. Discretamente, eles se colocam ao lado dela e retiram pequenos pedaços das laterais.

A mania de arrancar pedacinhos de locais tocados ou freqüentados pelo frei parecia ser a mesma em todas as cidades. Em Guaratinguetá, no fim do século passado, as portas originais da casa onde nasceu o religioso estavam tão esburacadas por conta dos devotos que levavam fragmentos de madeira como relíquias, que não foi possível recuperá-las na restauração. A idolatria que Frei Galvão já causava em vida, se tornava cada vez mais fervorosa depois de sua morte.

Antes de morrer, no entanto, parecia que Frei Galvão, apesar da idade, ainda tinha muitas missões pela frente. Em agosto de 1811, aos 72 anos, o franciscano recebeu a função de instalar um novo recolhimento. Dessa vez, na cidade de Sorocaba, a 87 quilômetros de São Paulo, em uma construção que já existia ao lado da capela de Nossa Senhora do Rosário, localizada no centro da cidade. Seguido por três irmãs do Mosteiro da Luz, Galvão partiu a pé, sem reclamar do cansaço, e por lá ficou durante onze meses. Hoje, o Convento de Santa Clara conta com 14 irmãs, encontra-se em um bairro mais afastado desde 1963 e já originou outros dois mosteiros: um em Joinville (Santa Catarina) e outro em Uberaba (Minas Gerais). A ordem das irmãs concepcionistas possui 19 mosteiros em todo o Brasil, sendo que cinco deles tiveram origem diretamente do Recolhimento da Luz: além do de Sorocaba, há os de Guaratinguetá, Itu, Piracicaba (todos no estado de São Paulo) e Ponta Grossa (no Paraná). São esses os que têm permissão para confeccionar as tão procuradas pílulas de Frei Galvão.

A última tarefa no interior pareceu ter esgotado as forças do frei, que já com idade avançada passou a ter dificuldades para prosseguir suas andanças. Foi nesta época que começou a sofrer com as doenças da velhice. Conscientes de seu estado físico e de suas virtudes, seus superiores deram autorização para que ele se mudasse do Convento de São Francisco para o seu Recolhimento da Luz, de forma a ficar mais perto de suas obrigações. O caminho entre os dois mosteiros era cheio de subidas e havia se tornado árduo demais.

Com seus poucos pertences, Frei Galvão se instalou no prédio que havia construído e, apesar de não faltar espaço nas novas dependências, escolheu um minúsculo quarto de dois metros e cinco centímetros de largura para morar. A cama era feita de terra socada com três palmos de altura, grudada a três paredes, na cabeceira, nos pés e em um dos lados. O pequeno quarto estava estrategicamente situado atrás do altar. Ali, ele estava perto de suas recolhidas e continuava a atender devotos que chegavam à sua procura.

As paredes do quarto-corredor, feitas de taipa, acabaram servindo de tela ao frei. Foi em uma delas que ele deixou preservado o projeto das torres que deveriam ser construídas no mosteiro. O desenho, de quase dois metros quadrados, até hoje se encontra gravado atrás do altar.

Com os anos se passando, a saúde de Frei Galvão foi dando mais sinais de fraqueza. Em 1820, aos 81 anos, os males típicos da idade não lhe davam trégua e ele vivia constantemente doente. As irmãs e os escravos da casa serviam-lhe carinhosamente e, todas as tardes, as religiosas iam até seu quarto ouvir os últimos conselhos. As recomendações de caridade e de silêncio estavam sempre presentes em suas falas.

O franciscano estava em sua cama quando, a 7 de setembro de 1822, Dom Pedro I decretou a Independência do Brasil. Orgulhoso com a notícia, ele rezou por sua Pátria. Os meses se passaram e seu estado de saúde não se restabelecia. Por volta das 10 horas da manhã do dia 23 de dezembro, enquanto dormia, Frei Galvão morreu. Um luto silencioso se abateu sobre São Paulo e a multidão seguiu rumo ao recolhimento para se despedir.

O dia foi todo de lágrimas, missas e agradecimentos. Escravos, intelectuais, religiosos, comerciantes, famílias inteiras. Gente de todos os cantos chegava à Igreja da Luz. Queriam sair dali com uma recordação daquele corpo que julgavam ser de um santo, não se satisfaziam em apenas orar por sua alma.

Muitos correram a tirar pedaços do hábito com o qual seu corpo estava vestido. Em poucas horas, as roupas do frei se reduziram a fiapos. As irmãs tiveram de providenciar uma terceira peça no Convento de São Francisco, já que as duas batinas que haviam na Luz tinham sido picotadas pelos fiéis.

Em sua extrema pobreza, Frei Galvão não possuía um terceiro hábito. Foi preciso improvisar e pedir a roupa a outro religioso. Não havia, porém, nenhum frei tão alto quanto Galvão, e a última peça que vestiu seu corpo foi um hábito curto e surrado. O enterro ocorreu no fim do dia e, a pedido das irmãs, o cadáver foi colocado em uma sepultura construída sob o altar da Igreja da Luz.

Sobre o túmulo, uma lápide de cimento com escritos em latim faz reverências ao fundador daquela casa: "Hic Jacet Fr. Antonius a Sant'Anna Galvão Hujus almae domus inclytus fundador et director qui animam suam in manibus suis semper tenens placide obdormivit in Domino die 23 decembris anno 1822". A escritura em latim quer dizer: "Aqui jaz Frei Antonio de Sant'Anna Galvão, ínclito fundador e reitor desta casa, que tendo sua alma sempre em suas mãos, placidamente adormeceu no Senhor no dia 23 de dezembro do ano de 1822".

A devoção popular que se multiplicava instantes após sua morte deu fim também a essa homenagem. Fiéis que chegavam à igreja para pedir ou agradecer ao religioso aproveitavam para tirar lascas da lápide e as levar como relíquia para casa. Um costume que as pessoas difundiram à época foi o de colocar os pedaços da pedra em copos de água para torná-los abençoados e oferecê-los aos enfermos. A depredação das romarias foi tamanha que, em 1906, foi preciso substituir a lápide. Até hoje, a nova peça, feita de mármore com os mesmos inscritos, permanece no altar cercada por vasos de flores deixados todos os dias pelos devotos e por uma cesta com bilhetes que pedem por novas graças.

Os restos mortais do frei, destruídos pela ação do tempo, não estão mais naquele túmulo. Em 1991, em virtude do processo de canonização que caminhava a passos cautelosos no Vaticano, foi necessário fazer uma exumação do corpo de Frei Galvão. Científica e teologicamente, era preciso provar que naquele jazigo descansava de fato o candidato à santificação, e não um outro homem. O Instituto Médico Legal de São Paulo deu a autorização e enviou para a igreja do mosteiro seus funcionários mais experientes. Os restos mortais que fossem encontrados deveriam ser preservados com cuidado, já que se tornariam relíquias para efeitos de adoração.

A cerimônia de exumação contou com a presença das irmãs da Luz, de descendentes dos irmãos do frei e dos especialistas que trabalhavam pela canonização. A lápide foi retirada e o que se viu foram apenas pedaços pequenos do caixão de madeira que já estava desfeito. Entre eles, procurando minuciosamente, foram identificadas partes do hábito, muitas mechas de cabelo, uma rótula, um dente e uma pequena parte do crânio.

Na terra que ficava ao fundo do caixão, uma surpresa: o desenho do corpo do frei estava marcado e era possível perceber a silhueta de seus ossos, que àquele momento eram apenas um pó branco. Os especialistas também mediram sua altura. Como já se sabia pelas descrições, o religioso era alto, tinha exatamente 1,90 metro.

A figura principal no desgastante processo de santificação de Frei Galvão foi uma religiosa de nome Célia Cadorin, a postuladora do santo. Ninguém fez mais pela canonização do franciscano nas últimas décadas quanto ela, apesar de sua idade já avançada. Quando a descobriram na história, em virtude das reportagens sobre a vida e os milagres do franciscano, os jornalistas passaram a batizá-la com termos carinhosos como a "advogada de Frei Galvão" ou a "caçadora de milagres".

Irmã Célia estava presente à exumação. Depois das cenas que acompanhou naquela tarde no Mosteiro da Luz, foi para casa e não conseguiu dormir. O que não a deixava em paz era uma constatação simples, mas que não passara por outra cabeça. Se todos os restos mortais fossem retirados do túmulo para serem preservados como relíquias em outros locais, os devotos que seguissem para o Mosteiro da Luz iriam adorar uma mentira, um jazigo às moscas. Era preciso deixar no túmulo ao menos uma parte do corpo de Frei Galvão.

Antes das oito horas da manhã do dia seguinte, irmã Célia já estava com o problema e a solução na sala do cardeal de São Paulo, à época Dom Paulo Evaristo Arns. Dentro de uma caixa de isopor, um material que demora séculos para se decompor, eles colocariam um pouco do pó do osso do religioso, algumas mechas do seu cabelo e um pedaço da batina que havia sobrado. A caixa seria colocada sob a lápide e, assim, o santo estaria representado.

Dom Paulo autorizou a freira a agir. Ela seguiu direto para a Liberdade, bairro da colônia japonesa no centro de São Paulo, para comprar uma ânfora que já havia visto meses antes. Dentro dela, colocou o material acertado com o bispo e, ainda, a rótula e partes pequenas do túmulo original de madeira. A ânfora foi acondicionada dentro da caixa de isopor, que por sua vez foi vedada com fita isolante e embalada em sacos de plástico pretos, que também levam muito tempo para se decompor. É esse pacote, que tenta adiar ao máximo os estragos produzidos pelo passar dos anos, que hoje se encontra na sepultura de Frei Galvão.

É à frente deste túmulo que são feitos incontáveis pedidos de graças. A pequena cesta de cartas precisa ser esvaziada pelas freiras todos os dias, que retiram dali centenas de bilhetes escritos à mão. Os papéis trazem desde pedidos para jovens que querem passar em provas de vestibular até curas de doenças graves, como o câncer. Os séculos que se passaram após a morte do frei só fortaleceram sua fama.

## Capítulo Oito

# REZE QUEM PUDER

A luz fraca do começo da manhã de maio ilumina o túmulo de Frei Galvão. De pé, em frente a ele, Jandira fecha os olhos e começa a rezar. Devota do franciscano há décadas, dessa vez ela precisa de um grande milagre. É caso de vida ou morte. Sua afilhada, Daniella Cristina da Silva, quatro anos, está internada na Unidade de Terapia Intensiva (UTI) do Hospital Emílio Ribas. Vítima de uma hepatite do tipo A, a menina teve complicações e apresenta um quadro de insuficiência hepática grave, insuficiência renal aguda, intoxicação causada por remédios, broncopneumonia, infecção hospitalar, faringite, sangramento gengival e paradas respiratórias, entre outros agravantes. Faz vinte e quatro horas que, em coma, ela sobrevive graças aos aparelhos.

Os médicos não dão esperanças. Sabem bem que casos como o de Daniella não têm final feliz. Dizem apenas que não podem fazer mais nada e que, se a família souber rezar, que reze, mas reze muito. Jandira Francisco Rainho não só sabia rezar como já tinha a quem pedir.

Com o coração cheio de fé, ela chegou ao Mosteiro da Luz e rogou a Frei Galvão para que livrasse daquele martírio a afilhada por quem sempre alimentou um amor de mãe. Jandira pegou as pílulas sagradas e um frasquinho com a água do frei. Ali mesmo, na igreja do mosteiro, iniciou sua novena. Foi para casa com o peito cheio de esperanças e seguiu o ritual. Sua irmã, Jacira Francisco, transtornada com o estado da filha, não conseguia nem pensar em rezar.

Quando Daniella nasceu, muito frágil, com apenas 1,8 kg, sem cílios nem sobrancelhas, Jacira fez a novena. Pediu pela saúde da filha, que passou onze dias na incubadora. Ali, acredita que foi prontamente atendida. Mas, dessa vez, não tinha forças para a fé. Sua vida, dia e noite, era perambular pelos corredores do hospital à espera do momento para poder passar uma hora ao lado da menina. A dedicação dos médicos era grande, mas os sinais de melhora não vinham. A irmã Jandira, que seguia rezando, viu a morte na pequena face de Daniella assim que pôde entrar na UTI pela primeira vez. Foi um desespero. A afilhada nunca lhe parecera tão sem vida.

Era preciso ter forças e, pacientemente, ela aguardou ao lado da cama uma oportunidade para ficar a sós com a menina. Precisava de uma chance para que, escondida de médicos e enfermeiras, retirasse um frasco do bolso e passasse um pouco da água de Frei Galvão na testa de Daniella.

Jandira rezou mais uma vez antes de ungir a testa da criança. Já havia quase duas semanas que a afilhada estava na UTI e a luta dos médicos era para que os sinais vitais da menina não desaparecessem. Alguns dias depois da visita da madrinha, Daniella passou a apresentar alguns sinais de melhora. Seu quadro se estabilizou e, no dia sete de junho de 1990, treze dias após a internação, ela foi transferida para a seção de pediatria do hospital. Lá, continuava sob os cuidados dos médicos e coberta pela fé da madrinha.

Mais uma vez, Jandira driblou as regras e, sem que ninguém visse, fez com que a afilhada ingerisse as pílulas de Frei Galvão. O tempo de sua recuperação, a partir daí, foi contado: duas semanas. Daniella recebeu alta de médicos ainda incrédulos. Nunca antes aquele hospital vira uma criança se recuperar de um quadro tão grave em tão pouco tempo. E mais, sem seqüela alguma. Rins, fígado, coração, pulmão. Estava tudo perfeito, normal, sem sinal de que uma tempestade tivesse passado por ali.

A palavra "milagre" sofre restrições no meio médico. Afinal, para que profissionais estudam anos e anos de suas vidas? Qual seria o sentido da evolução da ciência, do teste de novos remédios, da descoberta de fórmulas poderosas? Reconhecer a existência de soluções de outro mundo para quadros clínicos complicados, para muitos especialistas, seria depreciar a própria razão de suas profissões e, logo, a própria razão de suas vidas. Como os fatos, às vezes, são mais fortes que as convicções humanas, o pediatra de Daniella sentou-se anos mais tarde e descreveu em poucas palavras o que presenciara: "Eu atribuo à intervenção divina, não só a cura da doença, como a sua recuperação total".

Jandira não tinha dilemas sobre a existência dos milagres de Frei Galvão. Ao buscar a afilhada curada no Emílio Ribas, a levou direto com a mãe para o Mosteiro da Luz. Os agradecimentos ao santo frei, que ainda não era oficialmente santo, não podiam esperar nem um dia. O feito era grande demais para ficar só em família, as irmãs do Mosteiro da Luz também precisavam saber. Jandira resolveu escrever. Em uma carta, contou o milagre com todos os seus episódios e mandou o relato para o recolhimento. Aliviou o coração e sentiu-se em dia com o frei, mas imaginava que suas lembranças não passariam de mais um papel no meio dos milhares que as irmãs recebiam de todo o Brasil. Não foi bem assim.

O feito atraiu a atenção das religiosas, que decidiram buscar mais informações sobre aquele caso tão especial. Ao reunir os dados médicos, conversar com a família e conhecer Daniella, tinham certeza de que ali estava uma graça digna de ser enviada ao Vaticano. Era o que as irmãs precisavam para pedir, de uma vez por todas, a beatificação definitiva do frei.

Havia décadas que padres, cardeais, bispos e freiras tentavam levar adiante o processo de canonização de Frei Galvão. A primeira iniciativa foi em 1938, frustrada um ano depois quando o postulador da causa, frei Adalberto Ortmann, deixou a ordem franciscana. Em 1949, o segundo processo também não prosseguiu. Frei Dagoberto Romag, responsável pela nova tentativa, escreveu ao Mosteiro da Luz informando que "não nutre esperanças de êxito positivo do processo". Vinte anos e milhares de graças alcançadas depois, o então cardeal de São Paulo, dom Agnelo Rossi, constituiu um Tribunal Eclesiástico para avaliar a beatificação de Frei Galvão. Não há, porém, nenhuma informação sobre as atividades desse tribunal.

Mais de quarenta anos após a primeira iniciativa, o cardeal Dom Paulo Evaristo Arns se empenhou na retomada do processo e, em 1981, durante a visita do papa João Paulo II ao Brasil, um abaixo-assinado com milhões de assinaturas foi entregue ao Santo Padre. Apenas cinco anos depois, porém, o processo foi reaberto, sob os cuidados do frei Desidério Kalverkamp. Dessa vez, a iniciativa seguiu adiante.

Durante os primeiros anos de trabalho, todas as informações e documentos sobre a vida de Frei Galvão começaram a ser pesquisados. O processo seguia com algumas dificuldades, já que muitos anos haviam se passado desde a morte do franciscano, mas caminhava ainda com boas chances. Frei Desidério, no entanto, adoeceu e perdeu a visão. Em 1991, irmã Célia Cadorin, da ordem da Imaculada Conceição, conhecida em seu meio como a "fazedora de santos" por ter conseguido em 2002 a canonização de Madre Paulina, italiana que morou no Brasil durante 67 anos, tornou-se a postuladora da causa.

Para comprovar perante a Igreja que Frei Galvão merecia a canonização, era preciso, em primeiro lugar, verificar a fama de santidade do candidato. Essa fama só existe se ocorre a invocação popular pelo nome do futuro santo, a visita ao seu túmulo e a concessão de graças. "A Igreja só confirma. Quem faz o santo é o povo", gosta de explicar irmã Célia.

Ao se constatar a fama, é hora de ir à campo em busca da documentação, fase que costuma ser das mais trabalhosas. Em suas procuras pelos locais onde Frei Galvão passou e em toda região de Guaratinguetá, onde nasceu, irmã Célia não conseguiu achar a certidão de batizado do religioso.

Apesar de revirar arquivos de cartórios e igrejas, não foi encontrado nenhum sinal da data. Assim, sabe-se apenas que o frei nasceu em 1739 por causa de um depoimento dado por ele na ocasião do casamento de um dos seus irmãos. Atuando como "justificante" em favor do irmão José Galvão de França, para provar que este era solteiro e livre para contrair matrimônio, ele ditou sua autobiografia ao escrivão da Câmara Episcopal em janeiro de 1758. Declarava ter 19 anos e ser natural de Guaratinguetá. O dia e o mês de seu nascimento continuam perdidos.

Frei Ortmann, o primeiro postulador, também não encontrou sinais do documento mas, apesar de ter iniciado o processo mais de cem anos após a morte do franciscano, conseguiu achar uma testemunha valiosa: uma escrava chamada Lucrécia. Com 125 anos em 1938, ela ainda se lembrava que quando era menina, com oito ou nove anos, acompanhava todos os dias sua senhora, vizinha do Mosteiro da Luz, às missas celebradas por Frei Galvão. A rara testemunha ocular contou que o frei era muito bondoso, correto, que rezava cerimônias concorridas e que toda a cidade recorria a ele. Seu depoimento ajudou a reconstruir o passado do sacerdote e foi utilizado na pesquisa de irmã Célia.

Enquanto viajava em busca de documentos, a freira sabia que precisaria apresentar um milagre forte o suficiente para elevar o religioso à categoria de beato. E apenas depois da beatificação é que um segundo milagre comprovado o tornaria santo. Entre as dezenas de milhares de relatos de graças que chegavam ao Mosteiro da Luz, as religiosas separavam os que mais as impressionavam. Em uma manhã de 1993, irmã Célia se deparou com a carta de Jandira contando sobre a recuperação da afilhada. A folha de um caderno universitário, dobrada em quatro, trazia uma história que parecia ser mesmo o milagre que procurava.

A postuladora, imediatamente, deu início ao trabalho e foi em busca da família, dos médicos e de qualquer testemunha que pudesse dar detalhes daquele caso. Como depoimentos não bastavam, era preciso também achar provas, laudos médicos, testemunhas.

Fazer com que um homem se torne oficialmente um santo requer investigações apuradas e inspirações detetivescas. É necessário encontrar pessoas-chave, convencer médicos a depor e caçar documentos que levam a outros e a outros. É uma cadeia que cresce a cada nova descoberta.

Com o máximo de provas reunidas, deve-se transcrever tudo para o italiano e, então, submeter-se a todas as etapas exigidas pelo Vaticano, um caminho nada fácil. Durante a canonização de Frei Galvão e de Madre Paulina (durante alguns anos, os dois processos caminharam lado a lado), irmã Célia cruzou o Atlântico 59 vezes.

Assim que leu a carta de Jandira, a freira telefonou para o número que havia no pé da folha torcendo para que estivesse correto. A madrinha de Daniella atendeu a ligação e, naquele mesmo dia, foi se encontrar com a freira para explicar o caso. No dia seguinte, elas marcaram um encontro no Hospital Emílio Ribas, onde a menina ficara internada, e conversaram com os médicos. Também levaram de lá o prontuário de Daniella, com mais de 300 páginas de exames e laudos. Irmã Célia tirou cópia de tudo e obteve as declarações de três médicos comprovando a história contada por Jandira.

O caso da menina apresentava tudo o que era necessário para a comprovação de uma graça forte o bastante para ir parar nas mãos do Vaticano. As curas por milagre ocorrem muito rápido, não deixam seqüelas e não encontram explicações médicas. Para que o feito fosse de fato reconhecido como uma das provas da santidade de Frei Galvão, faltava ainda saber para quais santos a família havia apelado no momento de desespero.

A primeira pergunta que se faz aos que pedem por um milagre durante um processo de canonização é simples e fundamental: "Quantos santos você invocou?". Se o apelo foi feito para mais de um, a graça não pode ser incluída no processo, já que a prática torna impossível definir qual foi o santo autor da intercessão. A resposta de Jandira a essa questão foi objetiva: "Pedi pra Frei Galvão". Era o que irmã Célia precisava ouvir para encaminhar o caso a um médico do Vaticano, que funcionava como seu consultor. Ao analisar todo o material, que incluía ainda uma carta da família contando detalhadamente sobre as orações, o especialista não teve dúvidas da força do caso e ajudou a postuladora a elaborar as perguntas científicas.

Com a carta branca dada pelo seu consultor, irmã Célia decidiu encaminhar o caso a um Tribunal Eclesiástico — espécie de julgamento no qual padres e médicos do mesmo país onde ocorreu o milagre analisam o caso rigorosamente e interrogam todos os envolvidos para saber detalhes da história. Um tribunal é composto por um juiz-delegado e um promotor de Justiça, que obrigatoriamente precisam ser sacerdotes, além de um notário, espécie de escrivão que pode ser religioso ou leigo. Após três meses de trabalhos, durante os quais foram ouvidos parentes e sete médicos que cuidaram de Daniella, o tribunal deu seu veredicto em 1996: o milagre era consistente e deveria ser enviado a Roma com todos os documentos necessários.

Em 8 de abril do mesmo ano, o Vaticano expediu o Decreto das Virtudes Heróicas de Frei Galvão, um documento que atestava sua vida e fama de santidade, sem o qual não seria possível continuar a beatificação. Assim, o frei tornou-se um "Venerável", alguém a quem o povo pode pedir e agradecer.

O processo de beatificação finalmente chegou a Roma na segunda metade de 1997 e lá foi analisado por dois peritos que aprovaram o caso e o encaminharam para a Consulta Médica — uma junta formada por cinco especialistas. Após análise minuciosa da parte científica do milagre, o processo foi aprovado por unanimidade e seguiu para a Comissão dos Teólogos — um grupo com sete religiosos que avaliam a parte espiritual da história. Mais uma vez, a aprovação ocorreu por unanimidade. Chegou, então, o momento do milagre passar pela Congregação dos Cardeais e Bispos, na qual de 10 a 14 deles estudam as duas partes do processo e dão seu parecer.

O parecer foi positivo, mas faltava o aval do papa João Paulo II. Se, por algum motivo, um pontífice decidisse que o milagre apresentado para uma beatificação não fosse forte o suficiente, todo o trabalho ia por água abaixo. Irmã Célia passou o começo de 1998 aflita.

Enquanto o processo ia passando de comissão em comissão na Itália, as graças se multiplicavam no Brasil e Frei Galvão começava a ganhar fama em outros estados além de São Paulo, como Minas Gerais e Rio Grande do Sul. Em 1991, o Mosteiro da Luz já contabilizava 23.929 milagres que foram relatados por cartas. Sete anos depois, já eram 28.915 — quase cinco mil a mais, o que dava uma média de dois milagres por dia. Entre 1998 e 2006, outras 8.057 graças seriam registradas. A maioria dos milagres alcançados era referente a cura de doenças que iam de câncer a pneumonia. Uma boa parte deles, porém, foi concedida a mulheres que desejavam engravidar ou que pediam uma gestação tranqüila.

Frei Galvão havia se tornado o protetor das parturientes e em sua cidade natal não havia mulher que passasse por uma gravidez sem tomar as pílulas. Mesmo antes da beatificação ser anunciada pelo Vaticano, o povo já o tinha como um milagreiro.

Foi em uma segunda-feira, dia 6 de abril de 1998, na presença do papa João Paulo II, que o Vaticano pronunciou o Decreto de Aprovação do Milagre e anunciou o que os brasileiros esperavam: a graça de Daniella havia sido comprovada e Frei Galvão se tornaria beato. Em Roma, São Paulo e Guaratinguetá, os preparativos para uma grande festa se iniciaram. Daniella, então com doze anos, se tornava a primeira prova oficial de um milagre e mal conseguia dormir de ansiedade. Ela viajaria de avião, iria ao Vaticano participar da missa solene e conheceria o papa.

## Capítulo Nove
# NAS GRAÇAS DO VATICANO

Era um cinza cada vez mais escuro que tingia o céu naquele domingo, marcado no calendário de Daniella para ser o mais especial que já vivera. Os sinais não deixavam dúvidas de que uma forte chuva cairia sobre a Praça São Pedro, esfriando uma multidão de 25 mil pessoas que aguardava a chegada do papa. As nuvens desviaram e não choveu. Apenas poucos pingos, que não duraram mais do que alguns minutos. As bandeiras verde-amarelas agitadas por mais de dois mil brasileiros e as rosas vermelhas que se mesclavam a antúrios cor-de-rosa enfeitando a grande Basílica ficaram intactas. Era 25 de outubro de 1998, dia da beatificação de Frei Galvão em Roma.

Devotos peregrinos, padres, freiras e famílias brasileiras que já moravam na Itália chegaram cedo à praça. Lá se juntaram aos turistas, aos italianos e aos fiéis de diversas regiões que queriam acompanhar a também beatificação do padre italiano Zeferino Agostini, do espanhol Faustino Míguez e da irmã francesa Teodora Guerin. Cada grupo se distinguia por uma cor: o de Agostini levava lenços brancos; o de Míguez, branco-azul; o de Guerin, azul celeste; e o de Galvão, verde-amarelo. Misturados, garantiam na terra um colorido contrastante com a palidez do céu.

O silêncio de 25 mil pessoas juntas era o mesmo silêncio de uma casa vazia. Inspirados pela devoção que já carregavam em si e pelo respeito ao que estavam prestes a presenciar, os integrantes da grande platéia emudeciam em sua emoção. Às 9h, quando as biografias de cada beato começaram a ser lidas, nenhum choro de criança era ouvido na praça. A vida de Frei Galvão foi contada pelo frei Ary Pintarelli e acompanhada, perto do altar papal, por dois cardeais e 17 bispos brasileiros, por Daniella (que participou da procissão das oferendas), pela delegação oficial do Brasil chefiada pelo então secretário nacional para os Direitos Humanos, José Gregori, pela irmã Célia Cadorin, a postuladora que finalmente colhia os frutos do seu trabalho, e pelo frei Clarêncio Neotti, representante franciscano que levou a relíquia de Frei Galvão ao altar.

Irmã Célia ainda se comove ao lembrar das cenas daquele dia. Sobre este episódio, suas palavras saem ansiosas e a lembrança de alguns detalhes, como a própria roupa que vestia, deixaram sua memória. Foi frei Clarêncio, no entanto, quem registrou o traje da colega em um texto repleto de minúcias. A freira vestia um tailleur azul e uma camisa branca, a roupa de sua congregação.

Chamada com deferência de "Paulina-Galvão" pelo papa João Paulo II, com quem se encontrou quatorze vezes por conta de seu trabalho como "fazedora de santos", irmã Célia não deixou o tempo levar das lembranças as poucas palavras que fez questão de dizer a Sua Santidade naquele dia: "O que eu pedi a ele foi uma bênção para o Brasil, outra para minha família, uma para a minha Congregação e uma outra especial para eu ser santa". Irmã Célia não queria um estágio de santidade pós-vida, como os de Frei Galvão ou Madre Paulina. Seu esforço é para viver a uma distância mais curta possível dos ensinamentos de Deus, com uma caridade e uma devoção inabaláveis.

Como última missão dessa primeira etapa da canonização, irmã Célia e frei Clarêncio ainda conseguiram convencer o cerimonial de João Paulo II a entregar-lhe um corporal (uma espécie de toalha de linho colocada sobre a mesa na qual se prepara a eucaristia) bordado por uma moradora de Guaratinguetá para que fosse usado durante a missa. Além das cores vivas do bordado, havia mais um empecilho para o uso da peça: o papa usaria um corporal maior do que o padrão, preso nas beiradas, para que o vento não o levantasse. Os religiosos brasileiros não tiveram dúvidas e rapidamente sugeriram que o corporal brasileiro fosse usado por baixo do outro. O papa aceitou. Aquele 30º domingo do tempo comum foi transmitido ao vivo para o Brasil a partir da entrada do Santo Padre na Basílica

Faltavam poucos minutos para as dez da manhã quando João Paulo II surgiu caminhando lentamente com sua mitra branco-dourada, lembra frei Clarêncio. Como regem os costumes, proclamou o rito penitencial em latim e, antes do "Glória", deu encaminhamento ao ritual da beatificação. A cerimônia durou cerca de duas horas e, antes da bênção final, o Santo Padre discorreu sobre a essência de cada novo beato.

Em português, João Paulo II falou: "Minha saudação afetuosa vai também aos brasileiros que vieram para a beatificação de Frei Galvão. Levai deste dia de festa a lembrança de que o papa vos acompanha em suas preces e pede a Deus, pela intercessão de Nossa Senhora Aparecida, a paz e a concórdia para toda a família brasileira. E que o Senhor vos abençõe!" Imediatamente, as bandeiras verde-amarelas quebraram o protocolo e se agitaram por toda a praça.

Terminada a missa, religiosos e autoridades foram comemorar a beatificação em um restaurante italiano e se preparar para o dia seguinte. As celebrações ainda não tinham terminado. Na manhã do dia 26, os peregrinos se reencontraram na Praça São Pedro para uma audiência pública, na qual o papa percorreu os corredores da praça em carro aberto, cumprimentando os fiéis. Novamente em português, ele se referiu à vida e ao exemplo de Frei Galvão e terminou seu discurso apelidando o novo beato brasileiro de "Doçura de Deus" e lembrando que o franciscano se tornou ainda em vida "o homem da paz e da caridade". No fim do dia, os religiosos brasileiros encerraram as comemorações com um programa tipicamente nacional: uma churrascada em plena Itália.

No Brasil, as irmãs do Mosteiro da Luz acompanharam os festejos pelos jornais e pela televisão e começaram a trabalhar para a grande festa do dia 8 de novembro, na Catedral da Sé. A primeira missa de ação de graças em comemoração à beatificação foi celebrada às 15h e contou com a presença de três cardeais: Dom Paulo Evaristo Arns (arcebispo emérito de São Paulo), Dom Aloisio Lorscheider (arcebispo de Aparecida) e Dom Eugênio de Araújo Salles (arcebispo do Rio de Janeiro). Mais 125 padres e 32 bispos participaram da celebração, que foi acompanhada por cerca de 2,5 mil fiéis. Também estavam presentes na Catedral o então governador Mário Covas e o prefeito de São Paulo da época, Celso Pitta.

Quatro irmãs enclausuradas do Mosteiro da Luz receberam autorização para assistir à missa na Sé. As demais viram a transmissão pela tevê. Felizes pela beatificação e realizadas por seus anos de orações à beatificação de Frei Galvão terem surtido efeito, as freiras da Luz não imaginavam que ali começava um novo episódio. E que elas, agora, estariam no centro dele.

A notícia de que Frei Galvão se tornara beato deflagrou no Brasil uma verdadeira caça às centenárias pílulas criadas pelo franciscano. Era como se, da noite para o dia, o número de fiéis em busca de suas graças sofresse o milagre da multiplicação. As irmãs não tiveram como se preparar antes para aumentar a produção dos papéis milagrosos em 300 vezes. Não sobrava tempo para mais nada no Mosteiro da Luz. Cartas e cartas chegavam de todos os estados pedindo pelas pílulas. Em apenas um dia, o caminhão dos Correios depositou no recolhimento duas mil correspondências. Além de produzir os papeizinhos, era preciso colocá-los nas cartas e mandá-las de volta ao remetente. E nenhum fiel ficava sem resposta.

As freiras trabalharam até de madrugada por muitas semanas. De manhã, filas enormes já estavam formadas à porta do mosteiro e, em alguns dias, elas chegavam até a Ponte Pequena, bairro vizinho à Luz. Em Guaratinguetá, no Mosteiro da Imaculada Conceição, que teve origem do Mosteiro da Luz em 1945, o mesmo fenômeno se repetia.

Muito preocupado com os devotos que enxergavam as pílulas de papel como remédio, Dom Aloisio Lorscheider, o então arcebispo de Aparecida, região que abrange Guaratinguetá, encontrou contra-indicações nos papeizinhos até então inofensivos e resolveu proibi-los em sua diocese no fim de novembro. Suas justificativas para o banho de água fria que jogava sobre os fiéis eram duas: muitos devotos passaram a tomar a pílula de maneira supersticiosa, para fins que iam de uma simples dor de cabeça até a conquista de um emprego. E as irmãs que viviam em clausura na Imaculada Conceição não cumpriam mais seu ritual de meditação para dar conta de preparar os papéis, distribuídos gratuitamente.

O povo, porém, insurgiu-se contra a ordem de Dom Aloisio. O caso chegou aos noticiários e o disparo do religioso não atingiu seu alvo. A devoção ganhava os jornais sob forma de polêmica e atraía novas romarias sob um clima de fé. Ainda hoje há dias em que as filas de cristãos são enormes em frente aos templos que fornecem as pílulas de Frei Galvão. As catorze irmãs do Mosteiro da Luz, em São Paulo, as vinte voluntárias da Irmandade de Frei Galvão e as doze religiosas do Mosteiro da Imaculada Conceição, ambos em Guaratinguetá, seguem na realização de um trabalho artesanal e infinito.

A oração em latim escrita à mão pelo frei, 220 anos antes, agora é impressa em uma gráfica em folhas de papel de arroz. O trabalho das freiras é o de cortar, dobrar os papeizinhos e separá-los de três em três para fornecê-los em envelopes já que, durante a novena, deve-se tomar três pílulas.

Antes da beatificação, o costume era de se ingerir nove drágeas, uma para cada dia da novena. Com o aumento da procura, Dom Aloisio determinou que fossem dadas apenas três, para que as religiosas conseguissem produzi-las. Em São Paulo, elas são fabricadas diariamente em uma condição que as irmãs classificam como "estado de oração". "Elas são feitas constantemente, é automático, mas são pílulas de oração. As pessoas sabem que, por trás delas, existe toda uma comunidade em penitência e rezas", conta irmã Cláudia Hodecker, secretária do mosteiro e do processo de Frei Galvão.

Em Guaratinguetá, as doze freiras da Imaculada Conceição enrolam os papeizinhos apenas por uma hora durante o recreio. A cada dia, cerca de 80 unidades são confeccionadas. Já as voluntárias da irmandade chegam a fazer 90 mil pílulas por mês.

Para atender a todos, elas tentam manter alguns milhares em estoque. As filas, porém, nunca deixaram de existir.

Foi em uma dessas filas no Mosteiro da Luz onde dona Alberta, a "avó japonesa" de Sandra, pegou as três pílulas que, sem saber, dariam origem ao milagre duplo da tão esperada canonização de Frei Galvão, o primeiro santo brasileiro.

Dona Alberta, Sandra e o pequeno Enzo queriam uma cura, a saída para um caso clinicamente inviável quando recorreram a Frei Galvão. E jamais imaginaram que o episódio que viviam era mais do que um sonho familiar. O milagre da família Almeida desencadearia a realização de um desejo aguardado por milhões de brasileiros. Irmã Célia Cadorin, a incansável "fazedora de santos", seguia à procura de um segundo milagre para, depois da beatificação, garantir a santificação de Frei Galvão.

Experiente no assunto, escolada pelos labirintos do Vaticano, sabia que a nova graça tinha de ser algo especial, forte o bastante para impressionar cardeais e não dar margem para contestações médicas ou teológicas. E lá seguia Irmã Célia, todas as semanas, para o Mosteiro da Luz em busca de depoimentos e testemunhos selecionados pelas freiras para serem examinados pela religiosa.

Os milagres que mais chamavam sua atenção eram apresentados a uma figura que Célia batizou como o "médico do não" — um especialista amigo da irmã, reconhecido no meio médico, que emitia sua opinião sobre milagres em potencial sempre sob a ótica da ciência. Era o "médico do não" quem dizia se aquela graça era mesmo clinicamente inexplicável. A resposta, em geral, era um rosário que o doutor não titubeava em repetir: "esse não, esse não, esse não". Casos de câncer, por exemplo, ganhavam um "não" por mais milagrosas que parecessem as curas. O médico lamentava, mas o alto índice de reincidência desse tipo de enfermidade torna as avaliações de cura bastante arriscadas. Frei Galvão, para se tornar santo, precisava de um feito incontestável.

Irmã Célia mostrou então a carta de Sandra e viu a expressão do "médico do não" ganhar uma forma diferente. "Olha, esse aqui é interessante, pode ser". Aquele caso sim, lhe parecia de uma graça incontestável, digno de ser estudado, já que muitas enfermidades daquele tipo não costumavam ter um final feliz aos pacientes.

A religiosa se vestiu novamente de detetive e retomou sua função de caça-milagres. Saiu rapidamente em busca de Sandra, de sua família, dos médicos que a atenderam e dos documentos deixados pelos hospitais. Antes, entretanto, apresentou o caso ao médico que funcionava como seu consultor não-oficial no Vaticano. Ao conhecer a história, esse especialista afirmou: "Aqui não tem um milagre, tem dois. Da mãe e do filho".

Esperançosa, a religiosa peregrinou por todos os hospitais onde Sandra havia sofrido seus abortos anteriores à gravidez do primeiro filho Enzo. Conversou com *experts* no assunto e conseguiu convencer dona Alberta, já bastante idosa, a depor no novo Tribunal Eclesiástico, ainda no ano de 2004. Impressionados com o caso, os padres deram um veredicto positivo. Irmã Célia tratou logo de traduzir todo o processo para o italiano e encaminha-lo a Roma, em setembro. Os caminhos dos trâmites, ao menos, não tinham mais mistérios, eram os mesmos que foram necessários para o milagre de Daniella. Com a parte científica aprovada em janeiro de 2006, o milagre foi para a Comissão dos Teólogos, que analisaram todo o caso sob a ótica da evocação. Meses se passaram e, em julho, a graça foi aprovada pela comissão por unanimidade. O aval da Congregação dos Cardeais e Bispos aconteceu em 12 de dezembro.

No sábado do dia 16 do mesmo mês, o papa Bento 16, que assumira o posto em abril de 2005 com a morte de João Paulo II, mandou tornar público o milagre. Como dessa vez o processo era para a santificação, o último degrau de uma alma em estado de graça, o feito deveria também passar por um Consistório, uma reunião com cerca de 50 representantes dos mais de 400 cardeais do mundo todo. São eles os responsáveis por atestar se aquela canonização é possível ou não após lerem um resumo da biografia do candidato a santo e de seus milagres.

Um salão nobre no Vaticano é tomado pelos religiosos de alto escalão, que ouvem uma oração do Santo Padre e uma síntese do caso em questão. Ficam em silêncio absoluto quando o pontífice se levanta. Lembrando a indagação feita pelos padres nos casamentos católicos, o papa pergunta se alguém naquela sala se opõe à santificação. O tempo congela e os minutos de silêncio são a eternidade para quem assiste ao ritual torcendo por algum beato. Se nenhum cardeal se pronuncia, o papa declara: "Usando de minha autoridade, esse beato será inscrito no álbum dos santos". E, então, divulga o local e a data da canonização. Faltava pouco para que os brasileiros pudessem comemorar seu primeiro santo depois de um processo iniciado em 1938.

## Capítulo Dez
# HORA DE VIRAR SANTO

Os bons ventos soprados do Vaticano chegaram ao Brasil na manhã da primeira sexta-feira depois do Carnaval de 2007. Era 23 de fevereiro e o sol de verão ardia forte quando os sites de notícia começaram a divulgar que o papa Bento 16 havia enfim confirmado o que já se dava como certo no meio religioso: com a aprovação do Consistório, Frei Galvão seria santificado.

O que nem as irmãs mais devotas do Mosteiro da Luz podiam imaginar era que o Santo Padre abriria uma exceção e faria a cerimônia no Brasil, durante sua visita marcada para maio. Desde que assumira o posto na Santa Sé, o papa havia determinado, ao contrário de seu antecessor, que nenhum santo seria canonizado fora de Roma. Os brasileiros tinham recebido um grande presente e uma prova irrefutável da predileção de Bento 16 pelo País, conforme resumiu Dom Manuel Parrado Carral, substituto de Dom Cláudio Hummes na administração da Arquidiocese de São Paulo.

A data e o local da canonização já estavam marcados: 11 de maio de 2007, às nove da manhã, no Campo de Marte, zona norte de São Paulo, curiosamente a poucos quilômetros do histórico Mosteiro da Luz. A cerimônia teria início com o Ato Penitencial e, então, seguiria com a leitura de uma breve biografia do franciscano e o tão esperado decreto de canonização. O ritual prosseguiria como de costume e o papa, então, começaria uma ladainha — espécie de oração que invoca Deus, Jesus Cristo e os santos. Em seguida, um painel com uma enorme fotografia de Frei Galvão seria apresentado ao público.

As contas mais modestas da Igreja Católica em São Paulo arriscavam um público de 1,5 milhão de pessoas reunidas na santificação. Entre elas, os que receberam os milagres: Sandra, com o filho Enzo, e a garota Daniella. Se os fiéis de Frei Galvão não tinham condições financeiras de irem até o Vaticano assistir a uma santificação, agora poderiam ser testemunhas do principal capítulo da história de Frei Galvão.

O Brasil, país com a maior quantidade de católicos do mundo (cerca de 130 milhões de fiéis em 2006), finalmente teria o seu santo, nascido em Guaratinguetá e criado em conventos da Bahia, Rio de Janeiro e, principalmente, São Paulo.

Ao quebrar suas próprias normas e anunciar a canonização de uma alma fora das terras do Vaticano, Bento 16 também sabia que, assim, fazia justiça a um país de muitos cristãos e, até então, nenhum santo nascido de fato naquela região. Afinal, países vizinhos como a Argentina e o México já tinham seus próprios santos há muito tempo. Só no México, eram trinta. Até o Japão, de uma minoria cristã, com apenas um milhão de católicos, já contava com almas canonizadas.

Assim que soube da notícia da santificação, irmã Célia, a postuladora, correu para um Mosteiro da Luz em festa, repleto de orações de fiéis em agradecimento. Dom Cláudio Hummes, que desde dezembro de 2006 trabalhava no Vaticano como uma espécie de "ministro" papal à frente da Congregação para o Clero, ligou para a Rádio 9 de Julho, emissora de propriedade da Arquidiocese de São Paulo, para falar sobre a boa-nova, cumprimentar os brasileiros e lembrar que o papa estava demonstrando um grande carinho pelo Brasil.

Dom Manuel ouviu a mensagem e também se dirigiu ao mosteiro para felicitar as freiras e já começar a acertar os detalhes da santificação. Irmã Cláudia, desde 1990 na Luz, tratava de pagar suas promessas e iniciar suas novenas. Durante todo o processo de canonização, as irmãs do Mosteiro da Luz rezavam duas vezes por dia a oração do Adonai pedindo pela santificação, ritual que foi seguido até o dia da missa de 11 de maio.

Enquanto as irmãs permaneciam durante toda a tarde se confraternizando dentro do convento, do lado de fora os fiéis não paravam de chegar para assistir à missa das 16h, conduzida pelo padre Armênio Rodrigues Nogueira, capelão do mosteiro.

A pequena Igreja de Frei Galvão se mantém como era à época em que foi inaugurada. Em 1999, as esculturas originais passaram por restauração e, atualmente, apresenta apenas duas modificações: o túmulo do religioso fica em frente ao altar e uma grande escultura de Galvão, muito adorada pelos fiéis, foi colocada no canto esquerdo.

A data do anúncio da missa de santificação no Brasil, coincidência ou não, foi o mesmo dia de Frei Galvão. É no 23 de cada mês — escolhido assim por ser essa a data da morte do religioso, um 23 de dezembro de 1822 — que duas missas são celebradas na igreja: uma às 8h e outras às 16h. A primeira manhã em que o Brasil soube que teria um santo fez do Mosteiro da Luz sede e testemunha de uma das maiores devoções cristãs do país. As histórias por lá se juntavam, com gente humilde ou de posses que pediam por novas bênçãos ou agradeciam por vidas transformadas de uma forma que os homens da terra não poderiam explicar.

Foi graças a Frei Galvão que Ruth e Valdir Mari alcançaram duas graças. A primeira foi em 1971, quando Ruth tinha 33 anos e estava grávida de sua primeira e única filha. A gestação seguia tranqüilamente e os médicos não avistavam problema algum até que, no último mês, as duas começaram a correr perigo. O bebê estava se asfixiando na barriga da mãe e o parto teria de ser antecipado. Valdir se lembrou das pílulas e seguiu para o mosteiro a fim de buscá-las. Ruth as tomou, fez a novena e tanto ela quanto seu bebê passaram pelo parto sem nenhuma complicação.

Trinta três anos depois, o casal voltaria a se ajoelhar diante do franciscano. Valdir tinha descoberto um câncer de próstata, já um tanto quanto avançado, e precisava operar rapidamente. Não deu tempo de buscar pílulas nem fazer novena. Só na hora de entrar no centro cirúrgico, já na maca, ele pediu para que Frei Galvão intercedesse por ele, para que sobrevivesse à cirurgia e à doença. Na sala de espera, sem saber, Ruth, fazia o mesmo pedido. A operação foi um sucesso e, alguns meses depois, Valdir estava completamente curado. Só então fizeram uma novena de agradecimento.

O casal, de Pinheiros, região oeste de São Paulo, tornou-se ainda mais devoto do religioso e, após acompanhar os passos de sua beatificação, torcia pela santificação. Ao saber do anúncio papal, fez questão de ir ao mosteiro celebrar a novidade. Mais uma vez, era hora de agradecer.

Miriam Soares, desempregada, três filhos pequenos e um pai precisando de transplante de rim, sentiu que chegara a hora de apelar por uma graça. Era a primeira vez que chegava ao Mosteiro da Luz, vinda da Capela do Socorro, extremo sul de São Paulo. Uma amiga da família havia contado sobre os milagres do frei, dito que se tratava de uma alma que sempre olhava por enfermos renais e parturientes. Há mais de um ano peregrinando entre médicos e esperando por um doador para o pai, Miriam decidiu conferir. Estava atrás das pílulas e se surpreendeu com a fila que se formava para pegá-las. Não sabia que era dia de Frei Galvão, muito menos sobre o anúncio da canonização. Mas tinha fé, e achou que tanta notícia boa só poderia ser um bom sinal.

Dona Manoela Vilar, cheia de saúde e com mais de 80 anos, não tinha pedidos a fazer naquele dia 23. Todas as semanas durante a última década ela ia ao mosteiro para rezar. Em 1997, uma irmã sete anos mais velha conseguiu se curar de uma doença no estômago que nem os médicos conseguiram diagnosticar. Martirizada durante anos com as dores fortes, acredita que foram as pílulas tomadas e as novenas feitas pelas duas que a salvaram. A irmã continuava bem e, às vésperas dos 90 anos, ainda ia ao mosteiro de vez em quando. Tinha ficado feliz com a santificação do frei e incumbido sua irmã de representá-la na missa de padre Armênio.

A devoção semanal também fazia parte da rotina de Nanci Cruz. A jovem enfermeira, porém, freqüentava o mosteiro há apenas dois meses, desde quando começara a pedir para Frei Galvão salvar da morte um ente muito querido. O moço havia passado por uma operação no estômago e, durante o procedimento, seu intestino havia sido perfurado. Internado na UTI, ele não dava sinais de reação até que Nanci se lembrou do frei e começou a pedir sua ajuda.

O doente, aos poucos, começou a demonstrar melhora. Ainda estava no hospital naquele dia 23, mas a jovem estava certa de que, em breve, o veria bem. Continuava pedindo pela cura, emendava uma novena na outra e fazia questão de rezar na Igreja da Luz todas as sextas-feiras. Naquele dia em especial, ela deixou o mosteiro com um olhar mais esperançoso. Agora suas preces seriam ouvidas por um santo legítimo, reconhecido pelo Vaticano.

O caso de Laurícia Amâncio não era menos complicado. Ainda em meio a uma recuperação delicada, ela não pensava em outra coisa naquela manhã a não ser compartilhar sua felicidade em ver Frei Galvão se tornar o primeiro santo brasileiro com outros devotos. Há menos de cinco meses, Laurícia pesava 22 quilos e não conseguia mais andar. Abatida por uma depressão profunda, não havia terapia nem remédio que a fizesse sair de casa. A luta contra a doença já era quase uma batalha perdida, a mulher sentia que seus dias poderiam ser piores do que já eram. Uma amiga, no entanto, insistiu em levá-la ao mosteiro. A enferma apanhou o que sobrava de suas forças e fez a última investida por sua saúde ao ajoelhar-se para Frei Galvão.

Ao sair do mosteiro, conta, se sentia um pouco aliviada, mas ainda bastante fraca. Levou a oração do frei para casa e o papelzinho com as três pílulas para começar a novena. Não foram necessários muitos dias para voltar a andar, a comer e a ter vontade de sair de casa. Ainda hoje narra tudo certa de que recebera um milagre, que apenas a força da fé seria capaz de recuperá-la.

A aposentada Rita da Silva sofria de um grave problema na coluna. Em meio aos repórteres e às câmeras de TV que registravam o dia histórico para os cristãos, Rita se assustou. Só estava ali para, conforme faz todo dia 23, pedir ajuda ao frei e pegar novas pílulas para suas novenas.

Maria Rita Nogueira, moradora de Itanhaém, litoral sul de São Paulo, queria festejar o fato de ter agora um santo brasileiro ao qual apelar. Nada de grave acontecera com parentes ou amigos, mas pedir proteção nunca era demais. Era hora também de agradecer às diversas graças alcançadas, acredita ela, por intermédio de Frei Galvão. A mais recente: seu filho mais velho, que tinha abandonado os estudos há quase dez anos, estava se formando engenheiro elétrico. E ainda, para orgulho de Maria Rita, era o primeiro da turma. Enquanto ele se empenhava nos estudos, ela se dedicava às orações. A imagem do filho com um diploma nas mãos era o seu milagre.

    Formada, empregada e casada estava Carolina que, em 1978, quase não passara dos primeiros dias de vida, em Mogi das Cruzes, São Paulo. Sobrinha da nora de Aparecida Gomes, ela fora salva pelas pílulas. A tia ainda era adolescente quando, em uma excursão de escola, conheceu o Mosteiro da Luz. Ficou encantada com a história da sua construção, das freiras enclausuradas e das milagrosas pílulas. Lembrou-se da agonia da sobrinha recém-nascida, que estava entre a vida e a morte por ter vindo ao mundo bastante debilitada. Pediu às freiras, meio envergonhada, se poderia levar algumas para casa.

    A menina contou a história que havia aprendido à irmã e, juntas, fizeram a novena ao lado da criança. A mãe tomava as pílulas. Da noite para o dia, sem nenhuma explicação médica, o bebê se recuperou. Ganhou peso, deixou o hospital e cresceu sem seqüelas. A nora de Aparecida contava a todos sobre o milagre sem precisar se esforçar para convencer a sogra do poder de Frei Galvão. Aparecida já era devota. Desde menina, na década de 30, ela estava acostumada a ver a mãe rezar ao frei. A família freqüentava a igreja no Mosteiro da Luz e recorria sempre que necessário às pílulas. Durante suas três gestações, ela as tomou e fez a novena. Nunca teve nenhuma complicação. Sentia-se abençoada.

    Padre Armênio não atrasou o início da missa das 16h nem por um minuto. Entrou com a igreja lotada cantando uma música feita especialmente para o frei, com uma letra que lembra o tempo todo se tratar de um santo brasileiro. O fim da música pedia a proteção de Frei Galvão. Emocionado, o capelão deu início à cerimônia: "Estamos reunidos no amor de Cristo para darmos graças a Deus porque o dia de hoje passará para a história como um grande dia. Dia no qual o papa Bento 16 anunciou oficialmente a canonização de Frei Galvão. Esta canonização será feita aqui no Brasil, aqui na cidade de São Paulo, em 11 de maio, durante a visita do Santo Padre. Será a primeira canonização feita no Brasil, assim como Frei Galvão será o primeiro santo genuinamente brasileiro. Aqui ele nasceu e passou toda a sua vida. Este momento aqui na igreja de Frei Galvão merece uma grande salva de palmas". E, por vários minutos, os devotos aplaudiram fervorosamente.

A 429 quilômetros de São Paulo, no Convento de Santo Antônio do Rio de Janeiro, outro local importante na vida do frei, o que havia era mais que uma festa. O convento se preparava para começar a celebrar missas todo dia 23 de cada mês em homenagem ao franciscano. Apesar de ainda não ser muito conhecido entre os cariocas, Frei Galvão era chamado por lá de protetor das gestantes, que buscavam sua ajuda nos momentos mais difíceis.

O Convento de Santo Antônio, que em 2008 completaria 400 anos, estava em processo de restauração, mas sua construção continuava sendo a original. Apenas as celas dos freis foram reformadas em 1921. Todo o resto se mantinha da mesma forma como era quando Frei Galvão esteve lá.

O pequeno distrito de Belém, no município de Cachoeira, na Bahia, também celebrou a santificação do frei. O povoado que hoje vive em torno da grande praça aberta ao estilo jesuítico em frente ao Seminário de Belém, onde o religioso estudou entre os 13 e 19 anos, tem cerca de 300 moradores que organizam a reforma da Igreja Nossa Senhora de Belém. Foi o que restou daquela época. Do seminário, nem ruínas sobraram. Os documentos da escola foram guardados pelos jesuítas, em Salvador.

A primeira etapa da reforma da igreja, quando foram trocados telhado e forro, já estava concluída. A segunda etapa, iniciada em abril de 2006, previa a restauração de todo o prédio e, por isso, ainda não era possível celebrar missas no local na época do anúncio da canonização. A comunidade, porém, estava empenhada na conclusão dos trabalhos.

O distrito, contam os moradores, passou a ser conhecido por causa de Frei Galvão e os visitantes que começavam a procurar o lugar se multiplicavam. Belém se tornou mais um ponto sagrado para os devotos do religioso e a igreja local decidiu fazer celebrações para homenagear o novo santificado.

A partir do dia 11 de maio de 2007, depois de quase dois séculos de espera, um dos homens mais caridosos que essas terras testemunharam poderia, enfim, ser chamado de santo.

# Cronologia

**1739** - Nasce Antonio Galvão de França, em Guaratinguetá, São Paulo.

**1752** - Antonio vai para o Seminário de Belém, na cidade de Cachoeira, Bahia, estudar com os padres jesuítas.

**1758** - Retorna a Guaratinguetá.

**1760** - Ingressa no noviciado do Convento de São Boaventura, na Vila de Macacu, Rio de Janeiro.

**1761** - Completa os estudos no Convento de Santo Antônio, no Rio de Janeiro.

**1762** - Ordenado em julho, é enviado para o Convento de São Francisco, em São Paulo.

**1766** - Assina com o próprio sangue sua entrega a Maria, documento no qual se declara "filho e escravo perpétuo" da Virgem.

**1768** - É nomeado pregador, confessor dos leigos e porteiro do Mosteiro de São Francisco.

**1770** - É designado confessor do Recolhimento de Santa Teresa, onde conhece a irmã Helena Maria do Espírito Santo, que pede a construção de um novo mosteiro. Também poeta, nesse ano o frei se torna membro-fundador da Academia dos Felizes, primeira academia de letras de São Paulo.

**1774** - O novo recolhimento é fundado em uma área situada no Campo do Guaré, atual bairro da Luz, no centro de São Paulo.

**1775** - Morre a irmã Helena Maria. Também nesse ano o recolhimento é obrigado a fechar, sendo reaberto cerca de um mês depois.

**1739** - Nasce Antonio Galvão de França, em Guaratinguetá, São Paulo.
**1752** - Antonio vai para o Seminário de Belém, na cidade de Cachoeira, Bahia, estudar com os padres jesuítas.
**1758** - Retorna a Guaratinguetá.
**1760** - Ingressa no noviciado do Convento de São Boaventura, na Vila de Macacu, Rio de Janeiro.
**1761** - Completa os estudos no Convento de Santo Antônio, no Rio de Janeiro.
**1762** - Ordenado em julho, é enviado para o Convento de São Francisco, em São Paulo.
**1766** - Assina com o próprio sangue sua entrega a Maria, documento no qual se declara "filho e escravo perpétuo" da Virgem.
**1768** - É nomeado pregador, confessor dos leigos e porteiro do Mosteiro de São Francisco.
**1770** - É designado confessor do Recolhimento de Santa Teresa, onde conhece a irmã Helena Maria do Espírito Santo, que pede a construção de um novo mosteiro. Também poeta, nesse ano o frei se torna membro-fundador da Academia dos Felizes, primeira academia de letras de São Paulo.
**1774** - O novo recolhimento é fundado em uma área situada no Campo do Guaré, atual bairro da Luz, no centro de São Paulo.
**1775** - Morre a irmã Helena Maria. Também nesse ano o recolhimento é obrigado a fechar, sendo reaberto cerca de um mês depois.
**1780** - Frei Galvão é expulso de São Paulo para o Rio de Janeiro por ter defendido um soldado condenado à morte por ter ferido levemente o filho do então governador Martim Saldanha. Graças à revolta popular, ele é chamado de volta quando deixava a cidade.
**1786-1788** - É nesse período que surgem as primeiras pílulas de Frei Galvão
**1788** - O novo recolhimento fica pronto, com os estatutos que devem ser seguidos pelas irmãs, e tem início a construção da igreja.
**1802** - É inaugurada a igreja do novo recolhimento.

**1808** - O frei chega a Piraí do Sul, no Paraná, e lá presenteia uma senhora com uma estampa de Nossa Senhora das Barracas. A imagem se torna milagrosa ao sobreviver intacta a um incêndio.

**1811**- Funda o Recolhimento de Santa Clara, em Sorocaba.

**1822** - Frei Galvão morre no Mosteiro da Luz.

**1938** - Tem início a abertura do primeiro processo de canonização de Frei Galvão, que não segue adiante.

**1986** - Após várias retomadas, o processo é definitivamente reaberto em Roma.

**1996** - O Vaticano expede o Decreto das Virtudes Heróicas de Frei Galvão, tornando-o um venerável.

**1998** - O primeiro milagre do frei, a cura de uma menina de quatro anos, desenganada pelos médicos, é aprovado. Ele se torna beato pelas mãos do papa João Paulo II.

**2006** - O segundo milagre, considerado duplo por ter garantido a salvação de mãe e filho em uma gestação cientificamente impossível e em um parto de alto risco, é confirmado pelo Vaticano. Frei Galvão está prestes a se tornar o primeiro santo brasileiro.

**2007** - Em fevereiro, o papa Bento 16 anuncia a canonização do frei, marcada para 11 de maio, em uma missa no Campo de Marte, em São Paulo, durante sua visita ao Brasil.

# Bibliografia

CADORIN, Irmã Célia (com Pe. Cristoforo Bove e Pe. Antonio Ricciardi). *Frei Antonio de Sant'Anna Galvão. Biografia Documentada.* São Paulo: Mosteiro das Irmãs Concepcionistas, 1996.

JESUS, Madre Oliva Maria de. *Vida de Frei Antonio de Sant'Anna Galvão.* São Paulo: Convento da Luz, 1928.

MARISTELA. *Frei Galvão, Bandeirante de Cristo.* São Paulo: Mosteiro da Imaculada Conceição da Luz, 1978.

NEOTTI, Frei Clarêncio (redator). *Vida Franciscana.* Ano LV, N° 72. São Paulo: Província Franciscana da Imaculada Conceição do Brasil, 1998.

VERÍSSIMO, Ignácio José. *Pombal, os Jesuítas e o Brasil.* Rio de Janeiro: SMG — Imprensa do Exército, 1961.

Também foram consultadas reportagens do arquivo do jornal *O Estado de S. Paulo* e documentos pertencentes ao Museu Frei Galvão, de Guaratinguetá.

# Novena a Santíssima Trindade

Santíssima Trindade, Pai, Filho e Espírito Santo: eu vos adoro, louvo e dou graças pelos benefícios que me fizestes.
Peço-vos, por tudo o que fez,
E sofreu vosso servo,
Frei Antônio de Santana Galvão,
Que aumenteis em mim a fé,
A esperança e a caridade,
E vos digneis conceder-me,
A graça que ardentemente desejo.
Amém.

Rezar 1 Pai Nosso, 1 Ave Maria e 1 Glória ao Pai.

# Novena a Frei Galvão

Rezar durante nove dias a oração da Novena a Santíssima Trindade. Tomar três pílulas durante a novena: uma no primeiro dia, outra no quinto e a última no nono dia.

# Como obter as pílulas pelo correio e como comunicar graças alcançadas por Frei Galvão, dando o seu testemunho

**Para obter as pílulas:**

Faça dois envelopes: um com o endereço do Mosteiro e outro com o seu endereço e coloque selo nos dois. Depois, pegue o envelope selado com o seu endereço, dobre e coloque dentro do envelope para o Mosteiro. Coloque junto uma cartinha dizendo que você gostaria de receber as pílulas pelo correio. Não se esqueça de pedir que rezem por você e pela sua intenção. Feche o envelope e não esqueça de colocar seu remetente no lado de trás.

Quando as irmãs receberem sua carta, será mais fácil para elas enviarem as pílulas. Elas levam uma vida muito simples e pobre e não teriam condições de pagar selos para todos que pedem as pílulas pelo correio. Mesmo assim, elas se esforçam para que todas as cartas sejam respondidas. Nas suas orações, reze também a Deus por essas queridas irmãs.

Para enviar seu testemunho basta escrevê-lo e enviar pelo correio.

**Mosteiro da Imaculada Conceição da Luz**
**Av. Tiradentes, 676 - Bairro da Luz**
**01102-000 São Paulo SP**

Visite o nosso site:

**www.seoman.com.br**